Ciarán Ó Fátharta
Amhráin

Ciarán Ó Fátharta
Amhráin

Síle Denvir a chuir in eagar

Cló Iar-Chonnachta
Indreabhán
Conamara

An Chéad Chló 2008
© Cló Iar-Chonnachta 2008

ISBN 978-1-905560-24-0

Dearadh: Hayes Design / Deirdre Ní Thuathail
Grianghraif chlúdaigh: Nutan

     Tá Cló Iar-Chonnachta buíoch de Bhord na Leabhar
Bord na   Gaeilge (Foras na Gaeilge) as tacaíocht
Leabhar   Foras na Gaeilge   airgeadais a chur ar fáil.
Gaeilge

    Faigheann Cló Iar-Chonnachta cabhair airgid
         ón gComhairle Ealaíon

Gach ceart ar cosaint. Ní ceadmhach aon chuid den fhoilseachán seo a atáirgeadh, a chur i gcomhad athfhála, ná a tharchur ar aon bhealach ná slí, bíodh sin leictreonach, meicniúil, bunaithe ar fhótachóipeáil, ar thaifeadadh nó eile, gan cead a fháil roimh ré ón bhfoilsitheoir.

Clóchur: Cló Iar-Chonnachta, Indreabhán, Conamara
Teil: 091-593307   **Facs:** 091-593362   **r-phost:** cic@iol.ie
Priontáil: Future Print, Baile Átha Cliath 13.

Do mo bhean Lucia agus mo chuid gasúr, Feithín, Muireann agus Finín.

Do m'athair, nach maireann, agus do mo mháthair.

Do mo chuid deartháireacha agus deirfiúracha, Paddy, Máire, Bríd agus Kate.

Clár

Réamhaiste   9

Na hAmhráin
1. Amhrán Mháirtín Beag Ó Gríofa   45
2. Amhrán Mhichelle Smith de Brún   47
3. Amhrán na Gaeilge   49
4. Amhrán na Gaillimhe   51
5. Amhrán na mBáid Mhóra   53
6. Amhrán Ráth Cairn   56
7. Amhrán Sheáin Uí Mhainnín   59
8. An Cosán   61
9. An Dioscó   62
10. An Seanfhear   64
11. An Séipéilín   66
12. An Stól   68
13. An Tuairisc   69
14. Bearáilte   71
15. Breandán   74
16. Brig St. John   76
17. Capaillín   78
18. Clár Joe   80
19. Cré na Cille   82
20. Cuimhneoidh Mise Ort   85
21. Dearcadh an tSaoil   87
22. Dífhostaíocht   89
23. Dílleachtín Bocht Ó   91
24. Eachtra   92
25 Exhaust Pipe   93
26. Londain   95
27. Maggie Thatcher   96
28. Na Laethanta Romham   98

29. Ráth Cairn Glas Gréine na Mí 100
30. Scriosta ag an Ól 102
31. Seáinín 104
32. Agallamh Beirte: Teilifís na Gaeltachta agus an OK Corral 106

Nótaí ar na hAmhráin 113

Foinsí 125

Réamhaiste

Samhlaítear an fhilíocht bhéil go minic le traidisiún ársa atá fréamhaithe i seansaol Gaelach inar mhair leithéidí Raiftearaí agus filí pobail mar é. Tá cultúr seo na filíochta béil ina chuid lárnach de stair litríocht na Gaeilge, ach déantar dearmad go minic gur eascair cineálacha éagsúla eile filíochta béil as an traidisiún seo. Tá eolas agus aithne ar leithéidí Johnny Chóil Mhaidhc Uí Choisdealbha[1] agus Tom an tSeoighigh[2] mar fhilí pobail i gConamara. Ní hiad an ghlúin seo filí is ábhar don leabhar seo, mar tá aitheantas acu siúd mar fhilí pobail, ón bpobal féin ar dtús agus ón lucht léinn ina dhiaidh sin. Tá aird ag lucht na leabhar ar na filí pobail sin le blianta beaga anuas cé gur thóg sé i bhfad orthu a n-aird a dhíriú ar an litríocht seo nach 'ardlitríocht' í. Tá dream amháin fágtha ar lár, áfach, glúin nua filí béil atá tagtha ar an bhfód le os cionn scór blianta anuas, glúin níos óige ná glúin an tSeoighigh agus Uí Choisdealbha. Is iad sin lucht amhráin nuachumtha Chonamara, cumadóirí cosúil le Ciarán Ó Fátharta, Tomás Mac Con Iomaire, Tomás Mac Eoin agus daoine nach iad. Deir Ruth Finnegan ina leabhar ceannródaíoch *Oral Poetry: Its Nature, Significance and Social Context*:

> Oral poetry is not just something of far away and long ago. In a sense it is all around us still. Certainly in most definitions of oral poetry, one should also include the kinds of ballads and 'folksongs' (both those dubbed 'modern' and 'traditional') sung widely in America or the British Isles, American Negro verse, the popular songs transmitted by radio and television . . .[3]

Ní miste an amhránaíocht nua atá tagtha ar an bhfód i gConamara le blianta beaga a chur leis an liosta seo. Seo í an fhilíocht bhéil atá beo i gcónaí i gConamara, agus tá saintréithe na filíochta béil le fáil sna hamhráin, fiú más déantús nua-aimseartha atá i gceist nach bhfuil baileach chomh saibhir ar go leor bealaí leis an bhfilíocht a tháinig roimpi. Is é an aidhm atá leis an réamhaiste seo iniúchadh a dhéanamh ar amhránaíocht nuachumtha

Chonamara trí dhíriú ar shaothar agus ar thuairimí Chiaráin Uí Fhátharta i gcomhthéacs teoiriciúil na filíochta béil.

Ní féidir aon dátaí cruinne a thabhairt maidir le cén uair a tháinig an amhránaíocht nuachumtha seo ar an bhfód ach d'fhéadfaí buille faoi thuairim a thabhairt gur i dtús na seachtóidí a cuireadh na síolta don seánra nua ceoil seo le cumadh na n-amhrán 'An Damhán Alla' le Tomás Mac Con Iomaire agus 'An Cailín Álainn' le Tomás Mac Eoin.[4] I rith na n-ochtóidí tháinig borradh céatach faoin sórt seo cumadóireachta tráth a raibh suas agus anuas le dhá scór duine ag cumadh amhrán i gConamara[5], agus i gConamara amháin[6], mar níl aon fhianaise ann gur tharla sé seo in aon Ghaeltacht eile sa tír. Cén fáth mar sin gur tharla an borradh mór cruthaíochta seo i nGaeltacht Chonamara i rith an ama seo agus cé na fachtóirí a chuidigh leis? Tá an chéad cheist casta go leor, agus chun í a fhreagairt ní mór cúlra staire agus eacnamaíochta na tréimhse seo a chíoradh go mion, rud nach bhfuil fúm a dhéanamh go fóill. Tá an dara ceist níos éasca a chíoradh agus cén bealach is fearr chun í a fhreagairt ná an cheist a chur ar dhuine de na cumadóirí a mhair agus a chum sa tréimhse seo. Is duine é Ciarán Ó Fátharta a bhfuil machnamh déanta aige ar an gceist seo, agus thug sé freagra cuimsitheach, stuama ar an gceist.[7]

I dtús báire tháinig John Beag Ó Flatharta abhaile as Sasana agus chuir sé le chéile an grúpa ceoil Na hAncairí. Thosaigh siadsan ag cóiriú amhráin dhúchasacha i dtosach agus ansin de réir a chéile fuair sé amhráin ó Tom an tSeoighigh, Tomás Mac Con Iomaire, Tomás Mac Eoin, Máirtín Mac Donncha agus ó Chiarán féin. Bhí baint mhór ag Raidió na Gaeltachta (a bunaíodh i 1972) leis an bpróiseas freisin mar is deis a bhí ann chun na hamhráin a scaipeadh i measc an phobail.

Le bunú Chló Iar-Chonnachta (i 1985), bhí meán eile aimsithe ag na hamhráin chun a gcáil a scaipeadh, rud a ghríosaigh bannaí eile ceoil chun sampla Na nAncairí a leanacht. Mar sin, bhí cumadóirí ann chun na hamhráin a chur ar fáil, bhí bannaí ceoil ann chun na hamhráin a chasadh, agus bhí meán ann chun na hamhráin a fhoilsiú agus a chraoladh.

Níl aon staidéar déanta ar an ábhar seo, chomh fada agus is eol dom, ó d'fhoilsigh Mícheál Ó Conghaile an leabhrán *Gnéithe d'Amhráin Chonamara Ár Linne* i 1993 agus ó foilsíodh alt Ríonach uí Ógáin, "'Camden Town go Ros a Mhíl" – Athrú ar Ghnéithe de Thraidisiún Amhránaíochta Chonamara' in *Crosbhealach an Cheoil / The Crossroads Conference 1996*, agus tháinig athruithe ar chúrsaí ceoil agus cumadóireachta sa dúiche seo ó shin. Níor cumadh mórán ó lár na nóchaidí go dtí tús an chéid seo agus arís tá tuairimí ag Ciarán maidir leis an maolú seo a tháinig ar amhráin Chonamara i rith na tréimhse sin. Ceann de na cúiseanna a thugann sé ná gur imigh John Beag go Meiriceá, agus cé go raibh go leor bannaí ceoil eile i gConamara ag an am a bhí in ann an beart a dhéanamh chomh maith leis Na hAncairí, ba é John Beag a bhí ina rí ar an gcineál seo amhránaíochta. Breathnaítear ar John Beag mar dhuine a bhfuil cumas agus teacht i láthair thar an gcoitiantacht aige agus dá bhrí sin bhain sé amach gradam níos airde sa phobal ná mar a bheadh ag na bannaí eile. In agallamh a rinne sé le Máirtín Tom Sheáinín Mac Donnacha d'inis John Beag an fáth a ndeachaigh sé go Meiriceá:

JB   Ceann de na húdair is mó a d'imigh mise as an tír seo, a Mháirtín, ná theastaigh briseadh uaim ón rud a raibh muid ag caint ar ball air, an dtuigeann tú. Theastaigh briseadh uaim ó – mar a dúirt mé go minic cheana – ó bheith ag dul soir is anoir an bóthar ar feadh fiche bliain, an bhfuil a fhios agat, agus ag casadh amhráin agus ag ceol.
MTS An raibh tú faighte cineál tuirseach dhó?
JB   Bhuel, an bhfuil a fhios agat is dóigh b'fhéidir gurbh in é an bealach len é a rá. Bhí mé faighte cineál . . . ní raibh tada nua ag tarlú. Bhí mé tinn dhó agus bhí a fhios agam go raibh an rud a bhí mé a dhéanamh, dá bhfanfainn an fhad eile thart, go bhfaigheadh sé bás agus nach mbeadh mórán cainte air níos mó. Bhí tuairim agam go dtárlódh sé sin, mar a déarfá, agus dúirt mé, 'Teastaíonn uaimse briseadh a thógáil ón rud seo ar fad', agus dul amach as uilig go fóilleach agus ruainne beag deis anála a thabhairt dó. Agus sílim gur oibrigh sé sin . . . sílim gurbh in é an rud is fearr a rinne mé riamh.
MTS Fear fadbhreathnaitheach tú, ab ea?
JB   Bhuel . . . tá mé . . . breathnaím chun cinn go mór ar rudaí áirid, an bhfuil a fhios agat. Is beagnach go gcaithfidh tú, a Mháirtín, an dtuigeann tú. Ní locht ar bith a bheith fadbhreathnaitheach.
MTS Agus d'oibrigh sé sin dhuit?
JB   Bhuel, d'oibrigh. D'oibrigh sílim. De réir mar atá rudaí ag breathnú, d'oibrigh. De réir mar atá mé ag fáil *vibes* ar ais, d'oibrigh. Agus tá mé in ann anois a theacht isteach anseo go dtí

an áit a bhfuil cion mo chroí agam air, Conamara, agus Éirinn trí chéile, agus tá mé in ann an rud a bhí mé a dhéanamh an chéad lá ariamh, coinneáil orm á dhéanamh. Agus ní faightear chomh tuirseach dhó b'fhéidir. Bíonn deis agam níos fearr ansin oibriú ar amhráin eile agus ar bhealaí eile, an bhfuil a fhios agat, nuair a bhím i Meiriceá. Ní bhím chomh gnóthach ag ceol. Agus bíonn beagán níos mó ama agam dhom fhéin, mar a déarfá.[8]

Mar a deir sé féin, is duine fadbreathnaitheach é John Beag agus chonaic sé go raibh baol ann go dtiocfadh meath ar an amhránaíocht nuachumtha agus go raibh an deis anála seo ag teastáil ionas go bhflúirseodh sé arís. Cé go ndeir Ciarán Ó Fátharta gur tháinig maolú ar an amhránaíocht mar gur imigh John Beag, chonaic John Beag go raibh an maolú seo le tarlú ar aon nós. D'fhan an draíocht a bhain le John Beag mar gur imigh sé, b'fhéidir, agus feictear an draíocht seo nuair a fhilleann sé ar Chonamara go rialta, áit a mbíonn na tithe tábhairne lán go béal le lucht éisteachta a bhíonn ag tnúth le cluas a thabhairt dá chuid amhrán.

D'áitigh Ciarán an comórtas Réalta mar bhac eile ar chumadóireacht Chonamara sna nóchaidí. Chuir an comórtas, dar leis, a thosaigh Radió na Gaeltachta chun amhráin Ghaeilge a aimsiú don chomórtas Eoraifíse, brú ar chumadóirí a gcuid amhrán a chur in oiriúint do na laincisí a bhí curtha i bhfeidhm ag RTÉ don chomórtas Eoraifíse (ní fhéadfadh an t-amhrán a bheith níos mó ná trí nóiméad ar fhad agus bhí stíl faoi leith ceoil ag teastáil uathu). Bhí níos mó smachta ag RTÉ ar an amhrán mar sin ná mar a bhí ag an gcumadóir féin. Is mó béim a cuireadh ar an gceol ná ar na liricí, agus síleann Ciarán go raibh ceol álainn le cóiriú níos deise fiú á chumadh, ach gan tairbhe ar bith leis na liricí. Is cinnte go raibh tionchar ag an gcomórtas seo ar amhránaíocht na Gaeilge, ach is gá a rá freisin go raibh tairbhe ag baint lena leithéid de chomórtas. Maíonn Ciarán freisin gur athraigh an t-airgead agus na duaiseanna a bhí i gceist an meon a bhí ann maidir leis an gcumadóireacht:

> Níor bhain muid [airgead] amach ariamh agus ní fhaigheann muid íocaíocht ariamh ar an sórt amhráin a chuir muid amach . . . ní hé go raibh muid á iarraidh ariamh . . . tá mé cinnte dhá n-iarrfadh muid é go bhfaigheadh muid é ach ní hin a bhí i gceist ann . . . is spiorad pobail a bhí iontu níos mó ná tada eile. Chuirfinnse mé

fhéin go pearsanta a mhilleán ar an dá rud sin – Réalta agus go ndeachaigh John Beag go Meiriceá.[9]

Mar gheall ar an gcomórtas Réalta tógadh cumadóireacht Chonamara amach as an gcomhtéacs nádúrtha as ar fhás sí, á cur i suíomh eile nár fheil di, dar le Ciarán. Níl sé ródhóchasach faoi thodhchaí na hamhránaíochta agus na filíochta i gConamara mar gheall ar an easpa saibhreas teanga atá ag an nglúin atá ag éirí aníos, rud a dtráchtaim air sa dara cuid den réamhaiste seo. Fiú má tá lag trá tagtha ar ar an ré cumadóireachta seo mar sin (agus is deacair a rá le cinnteacht go bhfuil), ní féidir neamhaird a dhéanamh den fheiniméan seo a mhair os cionn tríocha bliain.

Ré chorraitheach a bhí sa dara leath den fhichiú haois i nGaeltacht Chonamara, ré a chonaic an-chuid athruithe sóisialta, cultúir agus teanga. Áitíonn Gerry Smyth, ina leabhar *Noisy Island: A Short History of Irish Popular Music*, ar leanacht theoiricí Attali, go bhfeidhmíonn ceol agus amhráin mar tháscaire ar athruithe sóisialta:

> ... music is the most sensitive indicator of social change, that it's in advance of all other cultural forms as a gauge of the factors and tendencies that function in the present to order the future. Music does not 'predict' what will happen in some kind of warped variation on old-fashioned Marxism; rather, because of its intensely dialectical nature – in which economics and aesthetics are so closely enmeshed – music registers and engages change before other aesthetic forms; its dilemmas will be ours, so too its negotiations and compromises ... .[10]

Cumadh na hamhráin nua i gConamara de réir mar a thit rudaí amach agus is ag féachaint siar anois a thuigtear gur foinse luachmhar staire iad na hamhráin don tréimhse seo. Amhráin is ea iad a thráchtann ar chúinsí nua maireachtála Chonamara agus ar dhearcadh agus ar mheon an phobail go háirithe. B'fhéidir nach bhfacthas ag an am an tábhacht a bhain lena leithéid de thráchtaireacht pobail, ach tá sé soiléir anois agus muid ag féachaint ar na hamhráin seo in éineacht go bhfuil tábhacht thar cuimse ag baint leo.

De bhrí gur guth pobail atá sna hamhráin seo, tá sé soiléir gur filíocht bhéil atá faoi láimh agus anailís á déanamh ar na hamhráin nuachumtha. Ainneoin castacht agus doiléireacht na filíochta béil mar choincheap, rud a admhaíonn Ruth Finnegan nuair a deir sí 'the whole concept of "oral poetry" is in fact a complex and variegated one'[11], téann an tráchtaireacht seo ar an bpobal a dhéantar sna hamhráin nuachumtha go croílár na filíochta béil. Deir Gearóid Denvir faoin bhfile pobail:

> Roghnaíonn an file pobail na gnéithe is mian leis féin de chúrsaí an tsaoil ina thimpeall le cur ina dhán, agus múnlaíonn sé de réir a thuisceana féin agus i bhfriotal traidisiúnta iad. Labhraíonn sé i gcaint dhíreach lena phobal agus léiríonn inghlacthacht an ráitis fírinne an ráitis sin in intinn an phobail. Nochtaíonn an fhilíocht bhéil, mar sin, tuiscint chruthaitheach rannpháirtí íogair ar a phobal féin.[12]

Ní féidir a mhaíomh gur ardlitríocht atá i gceist leis na hamhráin seo, sa chaoi chéanna nach féidir a mhaíomh go bhfuil an teanga iontu chomh saibhir leis an teanga a d'úsáid filí na glúine a tháinig rompu. Filíocht shimplí atá in amhráin nuachumtha Chonamara, filíocht nach dtéann i ngleic mórán le ceisteanna pearsanta an fhile féin. Is filíocht shóisialta í a labhraíonn faoin ól, dífhostaíocht, imirce, drochbhóithre, báid agus faoi ghnéithe éagsúla de shaol an phobail i gConamara. Is ón bpobal agus ón gcumadóir in éineacht a eascraíonn an t-amhrán, rud a fhágann nach bhfuil an file neamhspleách ar an bpobal in maireann sé mar '. . . the oral poet is not merely the voice of communal pressures, neither is every poet an individual and untrammelled genius: poetry is the creation *both* of a particular community *and* of a particular individual.'[13]

Músclaíonn ceist seo na hamhránaíochta nuachumtha mar fhilíocht bhéil an-chuid ceisteanna maidir le téamaí agus spreagadh na filíochta. An bhfuil coimhlint ann idir an sean agus an nua? An sainrud Conamaraíoch é? Cén chaoi a sroicheann na hamhráin an pobal? Cén modh cumadóireachta a bhíonn ag an bhfile? Cén pháirt a bhíonn ag an lucht éisteachta sa phróiseas ar fad? Cén fáth a bhfuil an oiread sin tionchair ag ceol tíre nó *country and western* ar cheol na n-amhrán? Agus níl ansin ach tús iniúchta. Feiniméan réasúnta nua sa chultúr Gaelach is ea an ceol seo atá nua agus traidisiúnta in éineacht, agus is beag taighde atá déanta ar an ábhar dá réir, rud a fhágann go bhfuil réimse iomlán an ábhair le scagadh.

Is gá idirdhealú a dhéanamh ar dtús idir an sean agus an nua, idir an amhránaíocht ar an sean-nós agus an amhránaíocht nuachumtha. Dhá réimse ceoil dhifriúla atá i gceist, agus cé gur fhás an amhránaíocht nuachumtha cuid mhaith ón sean-nós, is seánra ceoil ann féin atá ann. Deir Lillis Ó Laoire agus é ag trácht ar an amhránaíocht i dToraigh:

> Bíonn an sean agus an nua ag meascadh le chéile de shíor agus is rogha é a dhéantar le saorthoil, rud a bhaineas an bonn den tuairim gur toirt gan fhás, gan bhogadh é an traidisiún.[14]

Fiú más seánra ann féin an amhránaíocht nuachumtha, níl sé neamhspleách ar an traidisiún, rud a dhearbhaíonn Steve Coleman nuair a deir sé 'musical form is not independent of but rather wholly constituted by local traditions and understandings'.[15] Brainse den traidisiún ceoil is ea an amhránaíocht nuachumtha, a thóg ar an seandéantús chun beatha nua a chruthú don amhránaíocht, a fheileann don phobal nua-aimseartha. Ní leagan truaillithe den sean-nós atá i gceist, agus tá an dá réimse amhránaíochta in ann maireachtáil taobh le taobh gan cur isteach ar a chéile. Castar na hamhráin ar an sean-nós agus castar iad ar an nua-nós; tá cros-síolrú agus malartú i gceist, rud a léiríonn nach gá mar a ceapadh ar feadh fada go leor go millfeadh an nua an sean. Go deimhin, is amhlaidh a shaibhríonn an dá rud a chéile. Díol spéise chomh maith go gcasann amhránaithe a chasann i stíl an tsean-nóis de ghnáth cuid de na hamhráin nuachumtha, agus ar an láimh eile is ó thraidisiún an tsean-nóis a d'fhoghlaim leithéidí Chiaráin agus John Beag a gcuid scileanna amhránaíochta an chéad lá riamh.[16] De bhrí go raibh siad báite i dtraidisiún na hamhránaíochta dúchasaí agus eolas domhain acu air d'éirigh leo seánra nua amhránaíochta a chruthú go cumasach ag tarraingt ar na fréamhacha seo. Ina thrácht ar an nuálaíocht a rinne Tommy Potts ar an gceol traidisiúnta, deir Mícheál Ó Súilleabháin:

> What is highly significant about Tommy Potts is that he is called upon as the epitome of tradition, on the one hand, and as the epitome of innovation, on the other. I believe that I can show conclusively here that he is the epitome of true innovation by virtue of the fact that his understanding of tradition was so grounded as to allow him to be primed for the innovation which flowed through him. In this instance, Potts was the epitome of innovation against a personal musical background which itself epitomised the very tradition he sought to subvert.[17]

D'fhéadfaí an tslat tomhais cheannann chéanna a úsáid san anailís ar an amhránaíocht nuachumtha, ag amharc ar Chiarán agus ar a chomhghleacaithe mar nuálaithe a bhí fréamhaithe i dtraidisiún an tseannóis agus a mhúnlaigh seánra nua amhránaíochta Gaeilge mar bheatha ann féin trí nasc a chruthú idir an amhránaíocht dhúchasach agus ceol *country and western* agus ceol tíre. Labhair mé le Ciarán faoin ngaol atá idir an sean-nós agus an amhránaíocht nuachumtha agus d'fhiafraigh mé de an leagan truaillithe den sean-nós í an amhránaíocht nuachumtha:

> Is rud difriúil ar fad é [an amhránaíocht nuachumtha] . . . is rud ann fhéin é. I mo thuairimse dhéanfainn deighilt mhór idir an péire acu . . . ní hionann an dá rud ar chor ar bith mar a déarfá . . . an rud a bhíodh ar bun ar feadh an tréimhse sin, ba rud nua ar fad é, go háirid i gConamara. Tugadh an ceol agus na hamhráin sin céim bheag eile, ach ní dóigh liom gur bhain sé den sean-nós, mar chomh fada agus a fheicim ní raibh an sean-nós chomh láidir ariamh agus atá sé anois. Ní cheapfainn gur chur sé meath ar bith ar an sean-nós.[18]

Cé gur réimse ceoil agus filíochta ann féin é réimse na hamhránaíochta nuachumtha, ní féidir é a scarúint go huile agus go hiomlán ón sean-nós, mar is léir ó go leor d'amhráin Chiaráin, a bhfuil dul an tsean-nóis ar roinnt mhaith den teanga atá le fáil iontu, chomh maith le macallaí ceoil ón sean-nós. Is é an meascadh cultúrtha seo idir an sean-nós agus nós atá níos nua, an ceol tíre, a thugann a shainiúlacht d'amhráin Chiaráin agus a chomhghleacaithe. Tagraíonn Diarmuid Ó Giolláin don mheascadh cultúrtha seo ina leabhar *An Dúchas agus an Domhan*:

> Sa lá atá inniu ann, moltar an meascadh cultúrtha, 'a new thoroughly postmodern species of authenticity', i bhfocail Steven Feld, antraipeolaí agus scoláire ceoil. Nuair nach raibh seansaol ann a thuilleadh a chothódh cultúr traidisiúnta, chothaigh daoine a bhí idir an tuaith agus an chathair, idir Éirinn agus an imirce, idir an talmhaíocht agus an tionsclaíocht, cultúr measctha a bhí ag freagairt don saol sin.[19]

Seo é an saol ina maireann muid go réalaíoch – idir an tuath agus an chathair, idir Éirinn agus an imirce, agus idir an talmhaíocht agus an tionsclaíocht. Mar thoradh air seo maireann muid go cultúrtha idir dhá stól, idir an sean-nós agus nósanna amhránaíochta nua-aimseartha, idir an fhilíocht bhéil thraidisiúnta agus an fhilíocht nua-aoiseach. Is mar fhreagairt ar an saol seo a chumann Ciarán a chuid amhrán, amhráin a bhfuil an fhilíocht bhéil ina gcroílár.

San iniúchadh a dhéanann sí ar an téarma sin 'filíocht bhéil' áitíonn Ruth Finnegan go bhfuil trí shlat tomhais ann chun a chinntiú gur litríocht bhéil atá i gceist: (1) an modh cumtha; (2) an modh seachadta; (3) an láithriú.[20] Is breá an rud a leithéid de shlata tomhais a bheith ann ach eascraíonn doiléireacht óna leithéid de shainmhíniú, rud a admhaíonn agus a phléann Finnegan. Maidir leis an modh cumtha, is filíocht bhéil atá i gceist má chumtar an fhilíocht go hiomlán ó bhéal, gan brath ar pheann ná ar pháipéar. Is cinnte go gcomhlíonann Ciarán an méid seo ina chuid cumadóireachta. Ainneoin go bhfuil scileanna maithe litearthachta aige i nGaeilge agus i mBéarla, agus go gcleachtann sé na scileanna sin go laethúil (is iriseoir gairmiúil é le Raidió na Gaeltachta), ní bhraitheann sé ach ar a chuimhne agus é ag cumadh. D'fhiafraigh mé de faoin modh cumadóireachta atá aige:

> Bíonn sé difriúil chuile uair. D'fhéadfainn an áit seo a fhágáil agus píosa a bheith déanta agam faoi mo chuairt anseo faoin am ar shroich mé an Poitín Still nó thiar ag crosbhóthar na Tulaí. Nó d'fhéadfainn a dhul seachtaineachaí . . . míonnaí . . . gan tada a dhéanamh. Thug mé faoi deara luath go maith, dhá mbeinn ag cuimhniú ar rud eicínt deireanach san oíche sula dtitfinn i mo chodladh, dhá mbeinn ag cuimhniú ar rud eicínt arbh fhiú amhrán nó dán a scríobh faoi, ar maidin nuair a dhúiseoinn bheadh sé beagnach agam . . . an rud a bhí mé ag iarraidh a rá bheadh mé in ann é a chur i bhfocla níos éasca ar maidin . . . Thug mé faoi deara freisin, dhá mbeinn ag siúl, go háirid cois cladaigh, liom féin go mbeadh sé an-an-éasca a theacht ar ábhar . . . á, chum mé chuile áit iad – chum mé cuid acu sa gcarr, chum mé cuid acu ag mo chuid oibre, chum mé cuid acu ag siúl le cladach, ag siúl an bhóthair, rudaí mar sin.

SD Cén chaoi a mbíonn a fhios agat go bhfuil amhrán críochnaithe?

CÓF Bíonn a fhios agam i gcónaí nuair a bhíonn mo dhóthain ráite agam!
SD Nuair a bhíonn sé críochnaithe, an gcuireann tú ar téip é, an gcuireann tú ar pháipéar é nó an bhfágann tú i do chloigeann é?
CÓF Á, i mo chloigeann. Rud contúirteach é a chur ar téip nó é a scríobh . . . d'fhéadfá é a chailleadh, d'fhéadfadh duine eicínt eile greim a fháil air. Ach nuair atá sé agat i do chloigeann ní fhéadfaidh duine ar bith é a fháil.
SD Tá cuimhne mhaith agat, mar sin?
CÓF Níl sé chomh maith anois agus a bhí sé, ach bhí nuair a bhí mé níos óige . . .
SD An bhfuil an chuimhne tábhachtach sa gcumadóireacht?
CÓF Ó, thar a bheith tábhachtach. Anois, bheadh focal inniu agam agus bheadh sé caillte ar maidin, ach nuair a bhí mé níos óige ní tharlódh sé sin go deo dhom. Nuair a bhí mé sna fichidí bhíodh mé in ann an rud a raibh mé ag iarraidh trácht air a fheiceáil os mo chomhair i gcónaí.[21]

Dúisíonn modh cumadóireachta seo Chiaráin, agus na bhfilí béil go ginearálta, sraith ceisteanna eile. Gné shuntasach de chuid na filíochta béil is ea an chuimhne, agus is léir go dtuigeann Ciarán tábhacht na cuimhne ina chuid filíochta. Ina phlé ar an gcaoi a maireann an fhilíocht bhéil, deir Zumthor:

> This preservation [of oral poetry] can result from two different practices, ones that today are somewhat contradictory though generally cumulative: either *archiving*, by means of writing or electronic recording, which has the effect of stabilizing all or part of the elements of the work (verbal, acoustical, or visual even if it concerns a film or a video disc); or *memorization*, either direct or indirect through various mediations, such as the one that, as it passes through writing, requires an interiorization of the text.[22]

Tá cumas cuimhne an fhile fíorthábhachtach sa phróiseas cumadóireachta, ach má bhraitheann an file a bheag nó a mhór ar an bpeann ní chiallaíonn sé sin nach filíocht bhéil í. Is léir ó shaothar file eile pobail a bhí ag cumadh sa dúiche seo, Learaí Ó Fínneadha, gur lena chuimhne *agus* lena pheann a chum sé, agus 'fearacht a leithéidí i gcultúir éagsúla ar fud an domhain inniu, tá saothar Learaí Uí Fhínneadha i gcois dhá leith idir "cultúr béil" agus "cultúr scríofa", agus is deimhniú a shaothar nach ann d'aon teorainn shoiléir idir an dá chineál.'²³ Caithfear cuimhniú *go bhfuil* muid ag maireachtáil idir dhá chultúr, agus go bhfuil an saol ag athrú ar chuile thaobh dínn. Tá an 'memorization' agus 'archiving' a luann Zumthor ag seasamh taobh le taobh, an dá mhodh cumadóireachta agus seachadta chomh tábhachtach agus chomh dlisteanach lena chéile. Cuireann litearthacht casadh nua ar an bhfilíocht bhéil, ach ní athraíonn an litearthacht feidhm na filíochta béil dá réir, ná ní athraíonn sé an gá atá ag an duine lena leithéid d'fhilíocht a bheith ann. Tá bealaí nua ann chun an fhilíocht bhéil seo, bíodh sí i bhfoirm filíochta nó i bhfoirm amhráin, a chur i láthair an phobail. Tá chuile chineál giuirléide ar fáil — teilifís, raidió, miondioscaí, dlúthdhioscaí, fiú amháin fónanna póca. Tá an chlaontuairim ann go loiteann an teicneolaíocht seo an fhilíocht bhéil atá 'glan' agus 'traidisiúnta' agus nach fada a bheidh sí linn dá bharr, má tá sí fós ina beatha. Ach ní gá gur rud diúltach iad na háiseanna nua-aimseartha seo ar fad, agus b'fhéidir fiú go láidreoidh siad an fhilíocht bhéil nach bhfuil i mbéal a báis ar chor ar bith mar a dhéanfadh roinnt criticeoirí amach.

Áiríonn Ciarán Ó Fátharta Raidió na Gaeltachta agus Cló Iar-Chonnachta mar phríomhchúiseanna gur tháinig fás thar cuimse ar amhránaíocht nuachumtha Chonamara. Thug na háiseanna seo comhthéacs nua don fhilíocht bhéil, dar leis, rud a bhí riachtanach ó tharla nach bhfuil comhthéacs 'nádúrtha' na filíochta béil .i. oícheanta airneáin mar a bhíodh ann le linn an tseansaoil, chomh fairsing agus a bhí. Lochtaíonn Ong an modh seachadta teicniúil seo, á mhaíomh go bhfuil an-difríocht idir láithriú beo na filíochta béil agus an láithriú ar an raidió mar shampla:

> Human communication, verbal and other, differs from the 'medium' model most basically in that it demands anticipated feedback in order to take place at all. In the medium model, the message is moved from sender-position to receiver-position. In real human communication, the sender has to be not only in the sender position but also in the receiver position before he or she can send anything back.[24]

Cé go bhfuil cuid mhaith den fhírinne i ndearbhú seo Ong, caithfear glacadh freisin leis an 'medium model' mar mhodh dlisteanach seachadta don fhilíocht bhéil sa saol comhaimseartha in aois seo na teicneolaíochta. Tóg, mar shampla, an obair atá faoi láimh anseo – bailiúchán d'fhilíocht bhéil Chiaráin Uí Fhátharta. An bhfuil an leagan scríofa seo d'amhráin Chiaráin ag teacht salach ar fheidhm bhunúsach na n-amhrán, nó an bhfuil an leagan scríofa ag láidriú na feidhme seo mar go scaipeann sé an fhilíocht go fairsing? Is é mo bharúil féin nach mairfidh an litríocht bhéil gan aird a thabhairt ar na dúshláin a bhaineann le nuatheicneolaíocht shaol na freacnairce agus leas a bhaint as na modhanna nua caomhnaithe agus seachadta a sholáthraíonn sí.

Tá éileamh ar na hamhráin nuachumtha i measc an phobail, i gConamara agus in áiteanna eile ar fud na tíre agus fiú thar lear, go háirithe i mBoston áit a bhfuil pobal mór Éireannach. Teastaíonn ón bpobal na hamhráin a chloisteáil ar an raidió nó ar chaiséid, agus iad a fhoghlaim ó leabhair. Ní chiallaíonn an méid seo go bhfuil deireadh tagtha leis an láithriú beo ar na hamhráin i gcomhthéacs nádúrtha sóisialta. Ní imíonn deireadh seachtaine i gConamara nach mbíonn tithe tábhairne lán go béal le daoine ag éisteacht leis na hamhráin nuachumtha á gcasadh ag grúpaí mar Na hAncairí, Cillín, Duirling, Fáilte – na bannaí ceoil atá chomh fairsing sin i gConamara. Más fada an ceol sna pubanna ó sheanláithriú an tí airneáin, ní fhágann sin nach í an ealaín chéanna bhéil í, cuid mhaith, d'ainneoin na ngiuirléidí teicniúla agus an tsuímh thráchtála. Mar sin féin, ní mór a mheabhrú go bhfuil an-chuid difríochtaí idir an láithriú beo ar na hamhráin agus an láithriú a tharlaíonn trí mheáin éagsúla.

Osclaíonn staidéar ar an ábhar seo, an amhránaíocht nuachumtha mar fhilíocht bhéil, féidearthachtaí nua, agus ceistíonn sé an dearcadh atá againn ar an ní is traidisiún agus cultúr ann. Is iad amhráin nuachumtha Chonamara an chéim is déanaí a tógadh i gcultúr na filíochta béil i gConamara agus is táirge iad a thagann cuid mhór ó fhilí eile béil. Deir Finnegan agus í ag trácht ar an bhfilíocht sa tsochaí:

> Poetry and its performance can also be seen as a way in which heritage of artistic performance (and of social values and ideas) is passed on from one generation to another – with changes and development, no doubt, but providing a basic continuity of artistic form and outlook between generations.[25]

Sampla breá is ea saothar Chiaráin Uí Fhátharta den mhéid seo. Is file nua-aimseartha é a ghlac leis an méid a d'fhoghlaim sé ón nglúin a tháinig roimhe, go háirithe óna uncail Tom an tSeoighigh, ag tógáil ar fhilíocht na seanfhilí pobail agus á cur in oiriúint don saol ina bhfuil sé féin ag maireachtáil.

Rugadh agus tógadh Ciarán Ó Fátharta sa Mháimín i Leitir Móir, Conamara, sa bhliain 1958. Ciarán Feistí ab ainm dá athair, atá anois ar shlí na fírinne, agus is í Baba an tSeoighigh a mháthair, í beo i gcónaí, ag tarraingt ar na ceithre scór agus í fós ina cónaí i Leitir Móir. Cúigear gasúr a bhí acu, Pádraig, Máire, Bríd, Cáit agus Ciarán, agus is é Ciarán an duine is óige. Cuireadh oideachas air i scoil náisiúnta Thír an Fhia agus i Scoil Chuimsitheach Chiaráin ar an gCeathrú Rua. Tar éis dó Ardteist a bhaint amach thug sé aghaidh ar mhonarcha éisc i Ros an Mhíl, áit ar oibrigh sé ar feadh sé bliana. Chaith sé roinnt ama ag obair le An Post ansin sular thosaigh sé ag obair le Raidió na Gaeltachta i gCasla i 1986, áit a bhfuil sé ag obair ó shin. Fear mór peile a bhí i gCiarán riamh agus tá dhá chraobh Uile Éireann bainte amach aige, ceann le mionúir na Gaillimhe i 1976 agus ceann le sóisir na Gaillimhe i 1985. Phós sé Lucia i 1993 agus tá triúr gasúr acu, Feithín, Muireann agus Finín.

Ní gafa le cúrsaí peile amháin a bhí Ciarán ina óige, arae bhí suim i gcúrsaí cumadóireachta aige ó bhí sé ina ghasúr. Chum sé a chéad phíosa filíochta agus é fós sa bhunscoil, cé nach cuimhin leis go baileach céard a bhí ann. Agus é sa mheánscoil chuir sé suim i saothar Shelley agus Tennyson, ach is iad soinéid Shakespeare is mó a chuir faoi gheasa é. Nuair a bhí sé sa cheathrú bliain ar scoil tháinig sé ar fhilíocht Johnny Chóil Mhaidhc, duine a raibh an-tionchar ag a chuid oibre air as sin amach. Deir Ciarán go ndeachaigh an dán 'Raiftearaí agus an File' a chum Johnny go mór i bhfeidhm air. Tá líne sa dán seo a thagraíonn do na scríbhneoirí a luann Ciarán:

Céard faoi Mherriman, a dhuine, nárbh fhearr é ná muide? Céard faoi Tennyson, Shelley agus Shakespeare?[26]

Tá sé spéisiúil gurb iad an triúr céanna a luann Ciarán mar thionchair, agus b'fhéidir nach timpiste ar bith a bhí ann gur chuir Ciarán spéis i saothar Tennyson, Shelley agus Shakespeare ó tharla go bhfuil an triúr luaite i ndán Johnny. Duine eile a mhúnlaigh cumas fileata agus ceoil Chiaráin is ea a uncail Tom an tSeoighigh, duine de na cumadóirí amhrán is mó cáil le tríocha bliain anuas i gConamara. Cé nach raibh amhráin Tom, a bhí ar deoraíocht i Sasana sna 1970idí, go mór i mbéal an phobail agus Ciarán ag éirí aníos, chloiseadh sé a dheirfiúr féin agus deartháireacha Tom ag casadh na n-amhrán nuair a d'fhillidís abhaile ó Shasana. Is léir go bhfuair Ciarán bua na hamhránaíochta óna mháthair agus óna athair mar go mbíodh an bheirt acu ag gabháil fhoinn sa teach agus é ag éirí suas. Tá an traidisiún ag dul níos faide siar sa bhfuil aige chomh maith mar gur file a bhí ina sheanathair ar thaobh a mháthar, Máirtín Tom Seoighe. Maidir lena chomhfhilí féin, deir Ciarán go bhfuil an-mheas aige ar fhilí áitiúla, go háirithe Joe Steve Ó Neachtain, Dara Ó Conaola agus Micheál Ó Cuaig. Ní miste tagairt a dhéanamh freisin d'fhilí agus do cheoltóirí lasmuigh den traidisiún Gaelach a bhfuil Ciarán go mór faoina gcomaoin. Bíonn sé de shíor ag faire amach d'amhráin nua a chumann na hamhránaithe a bhfuil meas aige orthu. Ina measc siúd tá Leonard Cohen, Bob Dylan, Woody Guthrie, Hank Williams, Tom T. Hall, Pete St. John, Ewan MacColl agus Peggy Seeger, ceoltóirí tíre agus *country and western* uilig, nach mór. Díol spéise go luann Nuala O'Connor Guthrie agus Seeger i measc an dreama a dhírigh a gcuid ceoil ar chúrsaí sóisialta agus polaitíochta:

> Woody Guthrie and Leadbelly were part of a folk music movement that had also a social and political programme. With people like Pete Seeger they saw folk songs as having the capacity to galvanise groups around issues like civil rights, job discrimination, housing and education.[27]

Is léir ó amhráin Chiaráin gurb iad na téamaí céanna a bhíonn ag dó na geirbe aige féin, agus is fianaise ar chumas Chiaráin mar fhile go dtugann sé na cosúlachtaí idir téamaí Guthrie agus Seeger agus a chuid filíochta féin faoi deara.

Tá tionchar an cheoil tíre le brath go tréan ar chumadóireacht Chiaráin, agus go deimhin tá roinnt dá chuid amhrán bunaithe ar amhráin atá cumtha ag an dream thuasluaite. Seo cleachtas a bhíodh agus atá ar bun i dtraidisiún an cheoil tíre agus an *country and western*, agus mar a áitíonn O'Connor faoi Woody Guthrie: 'Using the melodic structures of existing folk tunes, Woody wrote songs which reflected the reality of life in America around him'.[28] Ní hamháin sin ach is seanchleachtadh riamh a bhí ag filí pobail foinn a bhí ann cheana a úsáid mar cheol dá gcuid filíochta. Mar sin, is cuid dhílis de mhodhanna cumadóireachta na filíochta béil sa traidisiún Éireannach agus i dtraidisiún an cheoil tíre/*country and western* é an modh oibre seo ag Ciarán. Díol suntais, b'fhéidir, nach ngéilleann sé don Bhéarla ach fanann sé dílis don Ghaeilge agus dá dhúchas féin. Cé go mbaineann sé úsáid as teicnící an cheoil tíre agus an *country and western* dúchasaíonn sé an iasacht seo le muinín agus le cinnteacht chultúrtha, ag tarraingt ar thraidisiún an tsean-nóis agus an cheoil tíre /*country and western* araon. Is táirge Gaeilge, Gaelach atá mar thoradh ar an obair seo mar nach ngéilleann Ciarán don Bhéarla, teanga na coitiantachta.

Tá isteach is amach le tríocha d'amhráin Chiaráin á gcasadh sa phobal, agus lena chois sin deir sé gurb iomaí amhrán a chum sé le linn a óige atá imithe le gaoth, gan aon chuimhne cheart aige féin orthu, chomh maith le sraith eile amhrán a chum sé do dhaoine ar ócáidí faoi leith agus nach bhfuil aon tuairisc aige anois orthu. Clúdaíonn ábhar na n-amhrán réimse leathan téamaí a bhaineann go huile agus go hiomlán leis an bpobal. Dúirt Ciarán as a stuaim féin in agallamh a rinne mé leis: 'Is dócha go dtabharfá file pobail ar mo leithéidse',[29] gan aon leide ná ugach uaimse. Tuigeann sé an ról atá aige sa phobal agus é lánchinnte gur file pobail é. Samhlaítear an téarma file pobail le leithéidí Johnny Chóil Mhaidhc, Learaí Uí Fhínneadha agus Joe Steve Uí Neachtain níos túisce ná a shamhlaítear é le leithéid Chiaráin. Amhráin nua-aimseartha iad amhráin Chiaráin, le tionlacan agus cóiriú; tá téarmaí agus leaganacha cainte Béarla sna hamhráin nuair a bhíonn sé seo feiliúnach; ach níl an saibhreas céanna cainte in amhráin Chiaráin is atá, mar shampla, in amhráin a uncail Tom an tSeoighigh, agus is é Ciarán an chéad duine a admhaíonn é seo. Mar sin féin, ní féidir a shéanadh gur file pobail é fiú más file pobail nua-aimseartha féin é. Seasann Ciarán don ghlúin nua filí pobail a lean sampla na glúine a tháinig roimhe, ag tógáil ar an oidhreacht a fágadh aige chun é a chur in oiriúint don saol ina bhfuil muid ag maireachtáil. Spreagann an téarma seo file pobail díospóireacht faoi na coincheapa filíocht phobail agus filíocht phearsanta. Cé gur féidir a rá nach filíocht phearsanta í filíocht Chiaráin ach filíocht a thuairiscíonn ar an domhan thart timpeall air, caithfear a admháil go bhfuil chuile chineál filíochta pearsanta ar chaoi éigin. Is é an guth pobail atá go mór chun tosaigh i bfilíocht Chiaráin seachas guth aonair, inmheánach na filíochta pearsanta. Mar sin féin, tá sainghuth dá chuid féin le cloisteáil ina shaothar, agus go deimhin guth an-chinnte, sa gcaoi a ndéanann sé ionramháil ar théamaí a bhaineann lena phobal agus lena mhuintir, agus leis féin go pearsanta dá réir. Ní féidir scoilt iomlán, dhénártha a dhéanamh idir an fhilíocht phearsanta agus an fhilíocht phobail, mar a dhéantar go minic i léann na filíochta béil, mar go bhfuil an tráchtaireacht phearsanta ina horlaí tríd an tráchtaireacht phobail. Clúdaíonn amhráin Chiaráin réimse leathan téamaí a thugann guth dá smaointe féin, ach tá a chuid smaointeoireachta múnlaithe gan amhras ag a sheasamh mar bhall den phobal, agus dá bhrí sin do riachtanais an phobail ag amanna faoi leith agus dá léamh féin ar an méid sin. Is iomaí amhrán aige a dhéileálann le tréimhse dhuairc, ghruama na n-ochtóidí, tráth a raibh dífhostaíocht, imirce, bochtanas agus ól go forleathan sa tír, i gConamara chomh maith le haon áit eile. Tá sraith eile amhrán aige ina bpléitear cultúr na Gaeilge agus na Gaeltachta, ag tagairt do na fadhbanna a bhaineann leo i saol an lae inniu. Tá amhráin mholta cumtha aige freisin do dhaoine a bhfuil meas aige orthu, chomh maith le hamhráin faoin nGorta Mór, amhráin faoi bháid, amhráin ghrinn agus amhráin pholaitiúla.

Bhí amhránaíocht nuachumtha Chonamara i mbarr a réime sna hochtóidí agus ní heisceacht ar bith a bhí i gcumadóireacht Chiaráin, ó tharla gur sa tréimhse seo is mó a chum sé bunáite na n-amhrán atá fós á gcasadh. Ní hionadh ar bith mar sin go bhfuil roinnt mhaith amhrán aige atá duairc, gruama agus a théann i ngleic le fadhbanna eacnamaíochta agus sóisialta na tréimhse sin. Ní raibh cúrsaí fostaíochta go maith i gConamara sna hochtóidí agus is iomaí monarcha a dúnadh le linn na tréimhse céanna. Léiriú íogair air seo is ea 'Dífhostaíocht', amhrán a insíonn scéal faoi mhonarcha a dúnadh, agus na hoibrithe dífhostaithe fágtha ar an ngannchuid. Téama is ea an dífhostaíocht a dtéann ceol tíre Mheiriceá go mór i ngleic leis chomh maith, agus tá amhrán ag Bob Dylan, 'North Country Blues', ina bhfuil na lirící an-chosúil le lirící 'Dífhostaíocht'. Tá línte oscailte an dá amhrán mar a chéile beagnach agus ní miste a thabhairt faoi deara go mbaineann an dá thosach le traidisiún an 'come-all-ye'.[30]

> A chairde mo chroí, tá scéilín agam dhaoibh,
> Faoin dífhostaíocht atá thart ar fud na háite.
>
> Come gather 'round friends and I'll tell you a tale,
> Of when the red iron pits ran plenty.[31]

Bhásaigh máthair an reacaire in 'Dífhostaíocht' agus máthair na mná in 'North Country Blues':

> Is í mo mháthair an chéad bhean a phóg mé,
> Ach in aois mo chúig bliana sea fuair sise tinn,
> Dhá bhrí sin sé m'athair a thóg mé.
>
> In the wee hours of youth, my mother took sick,
> And I was brought up by my brother.

Chríochnaigh scolaíocht na beirte luath sa saol agus phós an bheirt go hóg. Dhún an mhonarcha in 'Dífhostaíocht' agus dhún na mianaigh in 'North Country Blues'. Críochnaíonn an dá amhrán ar an nóta céanna, ag tagairt don chéad chéim eile tar éis na dífhostaíochta, an imirce.

> Ach tógfad mo chlann chomh maith is atá mé in ann,
> Má choinním mo chuid fiacha glanta,
> Scaipfidh siadsan gach treo nuair a fhásfas siad leo,
> Mar níl blas ar bith beo anseo dhóibh fanta.
>
> My children will go as soon as they grow,
> Well, there ain't nothing here now to hold them.

Sna seascaidí a chum Dylan 'North Country Blues', agus scór blianta ina dhiaidh bhí fadhbanna dífhostaíochta fós i mbéal an phobail in Éirinn. Shílfeá gur leagan Gaeilge de 'North Country Blues' é 'Dífhostaíocht', ach bhí focla an amhráin cumtha ag Ciarán neamhspleách ar amhrán Dylan sé mhí sular chuala sé an t-amhrán Béarla. Mar aitheantas do na cosúlachtaí idir an dá amhrán, agus in ómós do Bob Dylan, d'úsáid Ciarán fonn 'North Country Blues' dá amhrán féin.

Seantéama i mbailéid Bhéarla na hÉireann é an cur síos a dhéantar ar chúrsaí imirce agus is téama coitianta é in amhráin Chonamara freisin. Tá amhráin bhreátha atá fós i mbéal an phobail déanta ag Tom an tSeoighigh, Pádraig Ó hAoláin agus Tomás Mac Con Iomaire gan ach corrdhuine a lua. Faigheann muid spléachadh ar shaol mhuintir Chonamara i Sasana i roinnt de na hamhráin seo agus go deimhin 'is beag nach mbeadh aithne ag duine nach raibh i Londain ariamh ar thíreolaíocht na cathrach mar gheall ar chomh minic agus a luaitear áitainmneacha, sráideanna agus ainmneacha tithe ósta sna hamhráin'.[32] Ní heisceacht ar bith é saothar Chiaráin. San amhrán 'Londain' insítear an gnáthscéal atá cloiste go minic cheana againn – an leaid óg ó Chonamara a chuaigh anonn go Sasana ag cuartú saol níos fearr dó féin ach a tháinig ar an tuiscint gur glas iad na cnoic i bhfad uaidh. Ón lá a d'fhág sé an baile ní raibh uaidh ach filleadh:

> Tá mo chroí is m'anam is m'intinn fós i nGaillimh,
> Ón lá a dtáinig mé aniar bhí rún agam filleadh siar abhaile.

Tá a dhóthain aige de 'na trinsí is na *boss*annaí géar' agus den *tube*, agus fágann sé 'slán ag Oxford Circus is ag Leicester Square' chun aghaidh a thabhairt ar Ghaillimh, ag súil go mbeidh an saol níos fearr thiar sa mbaile. Níor chónaigh Ciarán i Londain ariamh cé go raibh sé ann go minic, ach chum sé an t-amhrán i bpáirt le John Beag a chaith achar fada ina chónaí ann.

Mar is léir ar théama sin na himirce, tá an béal bocht ag teacht chun solais go mór i saothar Chiaráin agus is follasach gur cás leis cruatan an duine bhoicht. Scéal faoi sheanfhear bocht a raibh saol crua aige is ea an t-amhrán 'An Seanfhear'. Arís tá tionchar cheol tíre Mheiriceá go mór chun cinn anseo mar gur chum Ciarán é tar éis dó an t-amhrán 'Old Dogs and Children and Watermelon Wine' le Tom T. Hall a chloisteáil. Cé nach aistriúchán díreach é, d'fhéadfaí a rá gur leagan Gaeilge de 'Old Dogs and Children and Watermelon Wine' é 'An Seanfhear' ó tharla go bhfuil an téama agus an fonn céanna acu. Scéal faoi sheanfhear gorm i Miami é amhrán Tom T. Hall agus an saol céanna á chaitheamh aige leis an seanfhear Éireannach atá 'go síoraí ag siúl na mbóithre' agus ag 'codladh amuigh'. Tá véarsa sa dá amhrán an-chosúil lena chéile ar fad:

> Bhí mé suite sa bpub lá amháin, is deoch agam is mé ag ól,
> Chonaic mé an seanfhear seo sa gcoirnéal úd ar stól,

> Gan aon chuireadh anall liom is shuigh mé lena thaobh,
> Is thosaigh muid ag comhrá is ag cabaireacht faoin saol.
>
> There wasn't anyone around, except this old man and me,
> The guy who ran the bar was watching *Ironside* on TV,
> Uninvited, he sat down and opened up his mind,
> On old dogs and children and watermelon wine.[33]

Amhráin iad araon a dhéanann machnamh ar an saol, ag féachaint ar an domhan trí shúile na seanfhear a bhfuil cruatan agus crá croí an tsaoil feicthe acu. Tá an fhéith chéanna smaointeoireachta le feiceáil san amhrán 'Dearcadh an tSaoil', amhrán eile a dhéanann machnamh domhain ar an saol seo ina bhfuil 'cogadh, cruatan is crá' agus 'na cumhachtaí móra go síoraí ag gleo'. Tá duairceas agus ísle brí le brath ar an amhrán, cé go gcríochnaíonn sé ar nóta nach bhfuil deimhneach go baileach b'fhéidir, ach a thugann beagán misnigh do dhuine:

> Tá an dorchadas ag glanadh anois, tá sé ag tosaí ag déanamh lae,
> Tá an tuirse do mo bhualadh, tá an codladh ag teacht i mo chléith,
> Ach mair chomh fada is a fhéadfas tú is feicfear luath nó mall,
> Gurb é an bás ceannann céanna a gheobhas gach duine againn ar ball.

Amhrán gruama amach is amach é 'Scriosta ag an Ól', amhrán a thugann aghaidh ar chúrsaí ólacháin, fadhb a d'eascair go minic ón dífhostaíocht agus ón imirce. Cur síos atá ann ar fhear a bhfuil an t-ól tar éis breith air, é 'gan aoibhneas, gan aon suaimhneas, gan aon só', a shaol ar fad 'millte ag ól na dí d'oíche is de ló'. I lár na n-ochtóidí a chum Ciarán an t-amhrán seo, tráth a raibh fadhb an óil an-dona i gConamara de dheasca a dhonacht is a bhí cúrsaí eacnamaíochta ag an am. Deir Ciarán féin go raibh daoine ag ól i gConamara mar nach raibh aon rud eile ann ag an am, agus bhíodar ag ól agus iad ar imirce mar go mbíodh a gcroí briste ag iarraidh filleadh abhaile.

Don duine bocht a bhíonn ag sracadh chun maireachtála bíonn fiacha ina síorimní, téama a dtéann Ciarán i ngleic leis i roinnt de na hamhráin. Tá tagairt déanta cheana féin don reacaire in 'Dífhostaíocht' a bhíonn ag iarraidh a chuid fiacha a choinneáil glanta, agus tá an imní chéanna ar an taibhse san amhrán 'Cré na Cille', amhrán a bhfuil an-tóir air i gConamara.

Scéal faoi fhear básaithe atá ag iarraidh dul i gcré na cille atá ann, ach ní fhéadfaidh sé an saol seo a fhágáil go dtí go mbeidh a chuid fiacha glanta aige:

> Tá cré na cille chomh ciúin inniu, is go gcloisfeá an féar ag fás,
> Tá na milliúin cnámh ina luí ansiúd thall ag baint suaimhneas is saoirse ón mbás,
> Ó, bheinnse fhéin in éineacht leo, dhá gcomhlíonfadh mé an dlí,
> Tá fiacha i dteach an óil orm is ní bhfuair mé an seans iad a íoc.

Ní i dtréimhse ghruama na n-ochtóidí amháin a phléann Ciarán cás na mbochtán, mar tá dhá amhrán aige faoi ré eile duaircis i stair na hÉireann, aimsir an Ghorta Mhóir. Cuimhneachán ar an nGorta is ea na hamhráin 'An Cosán' agus 'Seáinín'. Níl 'An Cosán' taifeadta ag aon cheoltóir agus níor cloiseadh ariamh go poiblí é. Is mór an peaca nár cloiseadh mar is píosa breá filíochta é a chuireann síos ar mhuintir na hÉireann agus iad 'tinn tuirseach tugtha, is an t-ocras dhá gcrá, ag titim i ndiaidh a chéile, ag fáil bháis chuile lá'. Cloiseann an té atá ag siúl ar an gcosán guth uaigneach an dreama a bhásaigh thart timpeall air:

> Cloisim an caoineadh mar a bheadh daoine ag siúl romham,
> Is tá osnaíl ón talamh ag sioscarnaíl fúm.

Insítear scéal truamhéalach san amhrán 'Seáinín' chomh maith, áit a bhfeiceann muid fear óg ag éirí níos laige de réir a chéile de bharr ocrais go dtí gur 'thit ar bhruach na farraige is rinne a shíocháin ann le Dia'.

Más cás le Ciarán an duine bocht, is cinnte freisin gur cás leis an duine Gaeltachta agus a chultúr agus a theanga féin, mar atá le feiceáil ó amhráin ar nós 'Amhrán na Gaeilge' agus 'Amhrán Ráth Cairn'. Goilleann droch-chás na Gaeilge, mar is léir dó féin é, ar Chiarán agus is le dólás agus le hísle brí a labhair sé liom faoin nGaeilge agus faoin meath teanga atá tarlaithe le leathchéad bliain anuas i nGaeltacht Chonamara:

> Tá an Ghaeilge ag fáil an-tanaí i láthair na huaire agus ní fheicim mórán daoine eile a bheas in ann [amhráin a chumadh] . . . Má thógann tú an saibhreas cainte a bhí ag athair Tom an tSeoighigh, mo sheanathair, bhí saibhreas iontach teanga aige. Faoin am a raibh Tom ag cumadh bhí saibhreas iontach teanga ann,

ach ní raibh sé chomh maith leis an am a raibh a athair ag cumadh. Bhuel, níl an saibhreas céanna teanga agamsa agus atá ag Tom an tSeoighigh. Agus ní dóigh liom go mbeidh an saibhreas céanna ag mo chlannsa is atá agam féin. Sin é an faitíos is mó atá orm, go bhfuil sí ag meath agus ag imeacht léi de réir a chéile. Beidh sí ann i gcónaí is dóigh, beidh an teanga ann, ach ní bheidh dóthain leaganacha cearta ann le haghaidh amhráin a chumadh . . . agus beidh go leor Béarlachais istigh ann agus beidh sí tanaí go maith. Ní hé sin le rá nach mbeidh daoine á labhairt agus nach mbeidh tuiscint acu uirthi.[34]

Sin a bhí ar intinn aige nuair a chum sé 'Amhrán na Gaeilge' ina bhfuil 'sraith ceisteanna gan aon fhreagraí!'[35] ag tosú le 'An bhfuil an Ghaeilge i ndeireadh a réime, mar atá daoine i gcónaí ag rá?'. Caitheann sé anuas ar an dream a tógadh le Gaeilge ach 'nach labhraíonn níos mó í' agus ar an dream a bhí i mbun na tíre 'a thug droim láimhe uilig dá dteanga is a chuir an Béarla amach chun cinn'. Impíonn sé ar an bpobal 'teanga bhreá ár sinsear' a labhairt agus a choinneáil beo, agus is iarracht atá ann, dar leis, daoine a spreagadh chun an Ghaeilge a labhairt. An méid sin ráite, ainneoin go bhfuil Ciarán imníoch faoi thodhchaí na Gaeilge, tá a chuid amhrán féin i measc na ngnéithe atá ag saibhriú an fhoclóra agus ag beochan focal a ligfí i ndearmad b'fhéidir, nó nach mbainfí úsáid astu de bharr gur 'focla leabhar' is ea iad. Téarma nuachumtha mar shampla an focal 'dífhostaíocht', agus de bharr é bheith in amhrán glactar leis i ngnáthchaint an phobail ar bhealach a léiríonn gur gnáthleagan laethúil sa chaint é seachas daoine a bheith ag rá gur focal ó na leabhair é. Gné choitianta i measc daoine ar spéis leo an dúchas a bheith umhal i láthair na sinsear, á mhaíomh dóibh gurbh fhearr i bhfad a bhí cúrsaí roimh a n-am féin. Tá méid áirithe den fhírinne ann gan amhras, ach ní trácht aonslí atá i gceist ar fad ná baol air.

Cur síos ar cheann d'imeachtaí móra stairiúla Chonamara is ea an dá amhrán 'Amhrán Ráth Cairn' (nó 'Ráth Cairn Glas na Mí' mar a thugtar air scaití) agus 'Ráth Cairn Glas Gréine na Mí'. Ní haon iontas gur chum Ciarán na hamhráin seo faoin aistriú a rinne go leor de mhuintir Chonamara go Contae na Mí i 1935 mar go ndeachaigh go leor de mhuintir a bhaile féin, an Máimín, go Ráth Cairn agus coinníodh an ceangal idir an dá áit beo. Sa chéad amhrán faoi Ráth Cairn insíonn Ciarán an scéal go fíorealaíonta agus é ag cur síos ar fhear Gaeltachta ag amharc siar ar an am ar fhág sé Conamara a dhúchais chun aghaidh a thabhairt ar áit strainséarach nach raibh cur amach dá laghad aige air. Bhí sé 'faoi mhisneach, brón is brí' nuair a thug sé 'an ruaig bliain tríocha cúig go Ráth Cairn glas na Mí'. Téann sé i dtaithí ar a bhaile nua de réir a chéile agus glacann sé leis mar bhaile:

> Tá an leathchéad bliain seo curtha agam dhíom, is nach ait mar a d'imigh an t-am,
> Tá cnámha an ghlúin a tháinig romhainn faoi shuaimhneas sínte againn ann.
> Ach beidh an t-aos óg a thiocfas fós ag inseacht ár scéal faoi,
> Is beidh an Ghaeilge bheo le fáil go deo i Ráth Cairn glas na Mí.

Faigheann muid spléachadh beag ar dhearcadh polaitiúil Chiaráin san amhrán seo, áit a molann sé iarrachtaí de Valera:

> Sé de Valera a d'athraigh an scéal, mar is fear é a bhí thar cionn,
> Mar cheap sé Éire a dhéanamh Gaelach, is an Ghaeilge a chur chun cinn.

Macalla is ea an méid seo den dán a chum Filí Bhaile na mBroghach, Joe Shéamais Sheáin, 'Contae na Mí', áit a ndeir sé:

> Is molfaidh muid Éamon, fear seasta na tíre,
> Is an dea-Ghael is iontaí dá bhfaca muid fós;
> Shaorfadh sé Éire ó shlabhraí na daoirse
> Ach lántoil na ndaoine a bheith ins gach gó.[36]

Chum Ciarán an dara hamhrán faoi Ráth Cairn i 2005 mar cheiliúradh ar an seachtó bliain a caitheadh ó d'aistrigh an dream aniar go Contae na Mí. Mar a deir sé féin san amhrán, is ómós é ón bhfile an dara píosa a scríobh faoi agus is cinnte go molann sé an áit, na daoine agus an Ghaeilge a d'fhan acu go hard na spéire:

> Má thagann tú an bealach seo feicfidh tú ceantar mar atá,
> Ó oíche go maidin tá an baile thrí lasadh is faoi bhláth,
> Tá na daoine deas measúil, iad geanúil ar spóirt is ar spraoi,
> Gach lá dhá dtéann tharainn i mbaile Ráth Cairn na Mí.

Tá amhráin Chiaráin an-logánta agus is iomaí tagairt iontu d'áitainmneacha Chonamara fré chéile. Níl aon cheist faoi ach go bhfuil blas an-Chonamaraíoch, an-Ghaillimheach ar na hamhráin agus d'fhéadfaí a mhaíomh gur geall le mapa de Chonamara atá iontu. Tagraítear do logainmneacha áitiúla, do dhaoine áitiúla agus do thithe tábhairne áitiúla i gcuid mhór dá chuid amhrán:

> Ó Ghlinscne aniar go Carna, is ó Chuigéal soir go Bearna . . .
> Tá siad fós i gConamara, Oileáin Árann agus Cinn Mhara.

> Is fágadh an baile agus chuaigh go Gaillimh, is ghlan soir Uarán Mór.

> Is é Seán Ó Mainnín as Ros Muc is mairfidh a cháil go brách . . .
> Ó, rugadh i gCill Bhriocáin é i míle naoi gcéad caoga seacht.

> I do sheasamh go spóirtiúil ar shléibhte Mhám Éan . . .
> Ag seó mór an Chlocháin . . .
> Ar bhánta an Tí Dhóite, ar Aonach an Fhómhair . . .

> Gabh siar go hOileán Gharumna agus síos go dtí an Trá Bháin . . .
> Gabh siar go Leitir Mealláin is ar ais bóthar Thír an Fhia . . .
> Gabh amach go Páirc an Mháimín agus soir go Leitir Móir . . .
> Gabh siar go Leitir Calaidh, Béal an Daingin is Eanach Mheáin.

Chomh maith le cur amach a bheith aige ar áitainmneacha Chonamara is cinnte go bhfuil eolas aige ar thithe tábhairne Chonamara freisin mar go luann sé deich gcinn acu ina chuid amhrán!

> Bhí pionta agam Tigh Josie agus péire Tigh Kheane,
> Shiúl mé Tigh an Táilliúra agus chríochnaíos Tigh Sé . . .

> Tá mé bearáilte Tigh Josie, tá mé bearáilte Tigh Sé,
> Tá mé bearáilte Tigh an Táilliúra ó thráthnóna arú inné,
> Tá mé bearáilte Tigh Hanley, is as Tigh Phlunkett Joe . . .
> Bhí mé oíche thiar Tigh Hanley, tar éis dhom pionta a ól Tigh Lee . . .

> Ó, dúradh istigh Tigh Jeaic liom . . . ach a dhul amach Tigh Darby . . .
> Chuaigh mé as sin go Réalt na Maidine . . .

Is iad an dá amhrán faoi Ráth Cairn an t-aon dá amhrán a chum Ciarán a mholann áit faoi leith, ach tá roinnt amhrán molta daoine cumtha aige. Gné bhunúsach d'éigse na filíochta béil is ea an dán nó an t-amhrán molta daoine, atá préamhaithe go daingean i dtraidisiún na Gaeilge. Tá feidhm an amhráin mholta athraithe, áfach, agus ní ar son luach saothair a chumann Ciarán a leithéid ach chun moladh a thabhairt do dhaoine a bhfuil meas ar leith aige orthu. Tá dhá amhrán cumtha aige faoi bheirt de laochra móra Chonamara, Seán Ó Mainnín agus Máirtín Beag Ó Gríofa, beirt a thug aitheantas do Chonamara de bharr na ngaiscí a rinneadar. Tá fiúntas na beirte á dhearbhú ag Ciarán leis na hamhráin a chum sé fúthu.

Dornálaí mór le rá ab ea Seán Ó Mainnín nuair a throid sé Mike McCallum do Chraobh an Domhain i 1986 agus molann Ciarán go hard na spéire é:

> Mo ghrá thú, a Sheáin Uí Mhainnín, ó, bheirim leat an barr,
> Ní raibh sé riamh in Éirinn againn aon dornálaí ní b'fhearr,
> Chomh stuama agus chomh haclaí leat, is an fuinneamh a bhí i do chnáimh,
> Is nach iomaí fear a leag tú amach le brí agus spreac do láimh.

Tá téamaí tagartha an amhráin mholta ag sníomh tríd an amhrán, agus tagraítear do ghaiscí dornálaíochta Uí Mhainnín. Dearbhaítear tábhacht, fiúntas agus cáil Ros Muc agus Chonamara mar gheall ar éachtaí Uí Mhainnín mar atá sna línte 'Nach aoibhinn aerach é Ros Muc agus mar sin go bhfana sé', agus 'Tá Conamara ar an mapa aige is ní ghlanfar é de choíche'.

Tá an stíl chéanna cumadóireachta le feiceáil in 'Amhrán Mháirtín Beag Ó Gríofa', áit a ndéanann Ciarán comóradh ar shaol an daimhseora cháiliúil as Bóthar na Scrathóg ar an gCeathrú Rua, ag moladh a chumas daimhseoireachta:

> Is a Mháirtín Beag Uí Ghríofa, cuirim beannacht leat is céad,
> Go lonra an solas síoraí ort is go sóláfar do thréad,
> Fad a bheas ár gcine ag damhsa leo beidh cuimhne lenár saol,
> Ar na huaireanta a dhaimhsigh tú ag Oireachtas na nGael.

Cumadh an t-amhrán seo nuair a chuala Ciarán faoi bhás anabaí Mháirtín, rud a ghoill go mór air, agus tá tréithe an chaointe san amhrán chomh maith. Deirtear linn ar leanacht an traidisiúin go bhfuil 'smúit ar Chonamara fós is ní ghlanfaidh an smúit sin choíchín' agus an timpeallacht ar fad brónach tar éis bháis Mháirtín.

Is é an scéal céanna atá ag an amhrán 'Breandán', a scríobh Ciarán nuair a chuala sé an scéal go raibh an scríbhneoir cáiliúil Breandán Ó hEithir imithe ar shlí na fírinne. Aitheantas atá san amhrán do scríbhneoireacht Uí Eithir agus dó féin mar dhuine:

> Ba é Breandán Ó hEithir an fear macánta, múinte,
> Nár choinnigh a shúil dúinte ar aon duine beo,
> Thug sé pléisiúr deas séimh trí bheith ag léamh a chuid scéalta,
> Ach parthas na réalta go dtuga Dia dhó.

Bhí an-mheas ag Ciarán ar an triúr seo, agus tugann sé a gceart dóibh trí na hamhráin a chum sé fúthu. Chomh maith leis an méid seo chum sé amhrán molta faoi Mhichelle Smith de Brún nuair a bhain sí amach trí bhonn óir agus bonn cré-umha ag na Cluichí Oilimpeacha in Atlanta Mheiriceá i 1996. Molann Ciarán na héachtaí a rinne sí, ach tá sé soiléir gur cumadh an t-amhrán sular tharla an scannal faoi na drugaí.

> Moladh muid a héacht go barr na spéire,
> Moladh muid a gaisce breá go buan,
> Bíodh mórtas mór ar chách, is bíodh cuimhne againn go brách,
> Ar an snámhaí iontach Michelle Smith de Brún.

Laochra eile a bhfuil meas agus ómós thar na bearta ag dul dóibh i measc an phobail is ea na bádóirí, idir bhádóirí na seanlaethanta agus bhádóirí an lae inniu. Tá cuid mhór amhrán cumtha ag moladh na mbád seoil le tríocha bliain anuas, leithéidí 'Gleoiteog John Deairbe' le Tomás Mac Con Iomaire, 'An *American Mór*' le Tom an tSeoighigh, 'Amhrán an *Hunter*' le Seán Cheoinín agus 'Amhrán na mBáid Mhóra' le Ciarán Ó Fátharta. Ceiliúrann 'Amhrán na mBáid Mhóra' crógacht agus cumas seoltóireachta na mbádóirí a bhíodh ann fadó:

> Ar seachrán a chuaigh mo smaointe, is nár smaoiníos ar an bpointe,
> Ar na laochra móra millteach a bhíodh ag bádóireacht fadó,

Ó Luan go maidin Domhnaigh, ag dul amach le luchtaí móna,
Gan neach ar bith dhá gclúdach thríd an mbáisteach is thríd an
gceo.

Tugann an t-amhrán le fios go bhfuil an traidisiún bádóireachta fós beo, agus go bhfuil an ghlúin óg ag leanacht sampla a sinsear:

> Ó, molaimse go deo iad mar b'iontach an dream seoil iad,
> Thrí fharraigí is thrí fheothan, gan aon fhaitíos, gan aon bheann,
> Mar tá sean-nós na mbáid mhóra fágtha anois ag na daoine óga,
> Mar thug na laochra móra siúd an traidisiún sin dá gclann.

Tá mórtas agus bród le brath ar an véarsa seo agus go deimhin is 'comhartha follasach ar fhorás bisiúil an phobail an seantraidisiún a bheith á sheachadadh chuig an athghlúin, rud a bhuanaíos tuiscintí traidisiúnta agus meas an phobail orthu féin.'[37]

Do dhuine a bhfuil an oiread suime aige i gcúrsaí spóirt, agus go deimhin a bhíonn ag láithriú cláracha spóirt, díol suntais b'fhéidir nach bhfuil cumtha ag Ciarán faoin ábhar ach amhrán amháin, cé is moite de na hamhráin mholta daoine 'Amhrán Sheáin Uí Mhainnín' agus 'Amhrán Mhichelle Smith de Brún'. Cúrsaí peile atá i gceist in 'Amhrán na Gaillimhe' agus is ceiliúradh é ar an lá úd i 1998 ar thug foireann peile na Gaillimhe leo Corn Sam Mhig Uidhir thar an tSionainn.

Mar aon leis na filí pobail a tháinig roimhe, tá cumas na haoire i gCiarán, chomh maith le bheith in ann amhráin mholta a chumadh, mar a fheictear san amhrán 'Maggie Thatcher', píosa atá chomh gangaideach sin gur cuireadh cosc lena chasadh ar Raidió na Gaeltachta. Tugann sé drochíde cheart do Mhaggie:

> Sí Maggie an bhean is measa acu, tá iarann ina láimh,
> Mar tá an ghráin shíoraí ceart aici ar Fine Gael is ar Fianna Fáil,
> Níl aon mheas aici ar na hÉireannaigh, ó, níl sí ceart ná cóir,
> Mar is mar a chéile díreach í le Paisley an chloiginn mhóir.

Tá an chaint a úsáidtear san amhrán seo an-láidir, mar a fheictear i ráitis mar '*frig* san aer thú, Maggie Thatcher', 'ní fiú go dtáinig *scratch* uirthi nuair a *bomb*áileadh an *hotel*' agus 'ba cheart dhó [an Taoiseach] éirí as na cainteannaí agus í a thabhairt don IRA', agus tá dearcadh láidir poblachtánach le sonrú ar an amhrán seo, mar atá i bhfilíocht Johnny Chóil Mhaidhc, Learaí Uí Fhínneadha agus Joe Steve Uí Neachtain chomh maith. Níor mhiste a rá go bhfuil a theanga ina phluic cuid mhaith ag Ciarán san amhrán 'Maggie Thatcher', agus tá sraith amhrán grinn cumtha aige chomh maith a bhfuil an-eolas orthu i bpobal Chonamara. 'Píosa diabhlaíochta'[38] atá san amhrán 'An Dioscó', faoi fhear a chuaigh isteach chuig dioscó a bhíonn ar siúl i halla na Ceathrún Rua chuile oíche Shathairn, áit a bhfaca sé 'daoine óga ag pramsadh, ag damhsa is ag gleo'. Feictear an difríocht idir glúin an fhir seo agus an ghlúin óg nuair a bhíonn mo dhuine ag iarraidh an *halfset* a dhéanamh fad agus a bhíonn an cailín óg ag 'pramsáil' timpeall na háite. Scéal grinn faoi fhear atá bearáilte as chuile theach tábhairne san áit is ea an t-amhrán 'Bearáilte', teideal a insíonn a scéal féin. Téann reacaire an amhráin ó phub go pub ag cuartú dí, gan aon sásamh aige le fáil. Píosa spraoi atá san amhrán 'Exhaust Pipe' freisin, a dhéanann cur síos ar dhrochstaid bhóithre Chonamara, téama atá anchoitianta sna hamhráin nuachumtha i gcoitinne. Chomh maith leis an gcur síos ar eachtraí greannmhara, baineann Ciarán úsáid as imeartas focal dátheangach, rud a fheictear go mór mór sa scigaithris 'An Tuairisc' áit a ndeirtear go bhfuil

> Kofi Annan agus a bhean Nan,
> Nó Nan Khofi Annan,
> Mar is fearr aithne ar Nan,
> Goite go Baghdad nó go Amman,
> I sean-Bhedford *van* . . .

Tá an chaint a úsáidtear sna hamhráin seo spleodrach agus spraíúil, agus gáirsiúil in amanna fiú. Agus é ag trácht ar an ngreann i ndán de chuid Johnny Chóil Mhaidhc deir Gearóid Denvir:

> Seo sainghreann tíriúil, raibiléiseach fiú, na filíochta béil mar atá sí faoi láthair, an chaint dhébhríoch, risqué, an dea-chaint mar a tugtar go hiondúil uirthi – tá daoine ann fiú, a tharbharfadh caint bhrocach uirthi – agus an greann a fuintear as an imeartas teanga idir an Ghaeilge agus an Béarla, deismireacht a chleachtas Joe Steve go háirithe, arae, mar a dúirt sé féin ina réamhrá do *Fead Ghlaice*, 'ola ar chroí duine scairt gháirí a dhéanamh go minic'.[39]

D'fhéadfaí an ráiteas ceannann céanna a mhaíomh faoi amhráin ghrinn Chiaráin, a d'fhágfadh duine sna tríthí ag gáire, cé nach dtéann sé i muinín na gáirsiúlachta chomh mór agus a théann Johnny Chóil Mhaidhc. Úsáideann Ciarán roinnt mhaith téarmaí Béarla, sna hamhráin ghrinn go háirithe. Rud coitianta i suíomh débhéascna teanga is ea a bheith ag dul anonn is anall idir dhá theanga, sa chás seo idir Gaeilge agus Béarla. Tá caint ag Ciarán ar *dashboards*, *tarmac*, an *hall*, *fair play*, *jump*áil, *crowd*, *stagger*áil, *beer*, chomh maith le habairtí iomlána Béarla cosúil le '*You're barred from here as well*' agus '*Have a blow*'. Tagraíonn Máirín Nic Eoin don fheiniméan seo, ag baint úsáide as filí pobail na Gaeltachta mar fhráma tagartha:

> Tá cuid den fhilíocht phobail sa Ghaeltacht ag dul i dtreo an mhacarónachais sa chaoi a bhfitear focail agus frásaí Béarla go rialta tríthi. Is iondúil go mbraitheann líon agus ionad na bhfocal Béarla i ndán ar leith ar ábhar is ar mheanma an dáin, áfach. Mar shampla, is léir ó shaothar Johnny Chóil Mhaidhc go bhfuil sé ag tarraingt ar rogha stíleanna. Díol suime is ea flúirse na bhfocal Béarla sa véarsaíocht éadrom spraíúil atá cumtha aige, i gcomparáid le friotal dúchasach na ndánta ar théamaí níos dáiríre, áit a seachnaítear go hiomlán béarlagair, téarmaí agus struchtúir an Bhéarla. Tá an chodarsnacht cheannann chéanna le feiceáil i bhfilíocht Joe Steve Uí Neachtain. Faightear téarmaí agus frásaíocht Bhéarla fite tríd na hagallaimh bheirte agus na véarsaí grinn, ach seachnaítear go hiomlán iad i ndánta sollúnta ar nós 'Goirm' (a cumadh in ómós do mhuintir Ráth Cairn), 'Caoineadh Uí Chadhain', 'Amhrán Phádraic Mhic Phiarais' agus 'Laoch as Leitir Móir' (dán molta an lúthchleasaí Peait na Máistreása).[40]

Nuair a cheistigh mé Ciarán faoin gcúis a mbaineann sé úsáid as téarmaíocht Bhéarla sna hamhráin, dúirt sé gurb í seo an teanga atá le cloisteáil sa phobal agus gurb í an teanga í a úsáideann sé i roinnt dá chuid amhrán dá réir. Is í an Ghaeilge a bhíonn in uachtar i gcónaí ina chuid amhrán mar sin féin, agus ní úsáideann sé focail Bhéarla sna hamhráin 'mhóra'[41] cosúil le 'Amhrán Ráth Cairn' agus 'Cré na Cille', ar an dul céanna le Johnny Chóil Mhaidhc agus Joe Steve Ó Neachtain. Spreagann úsáid an Bhéarla feasacht teanga freisin. Díríonn sé aird an phobail ar an gcineál teanga atá in úsáid go coitianta acu. Más le greann féin a dhéantar é sin agus le bheith barántúil do chaint na ndaoine, ní hé sin le rá nach bhfuil an dáiríre ina orlaí tríd an sugradh chomh maith, cé gur go hindíreach a chuirtear é seo in iúl.

Má tá éileamh ag an bpobal ar an gcineál seo teanga atá sna hamhráin, tá éileamh acu freisin ar an gcineál ceoil a théann leis na hamhráin. Chum Ciarán é féin roinnt d'fhoinn a chuid amhrán, tá cuid eile acu bunaithe ar sheanfhoinn thraidisiúnta agus tá cuid eile fós bunaithe ar fhoinn a tháinig ón gceol tíre. Is cinnte go bhfuil cuma an cheoil tíre, nó *country and western*, ar amhráin Chiaráin agus ar fhormhór amhráin Chonamara a cumadh le blianta beaga anuas. Castar na hamhráin le tionlacan den chuid is mó agus tá an cóiriú atá déanta ag na grúpaí éagsúla ceoil orthu an-chosúil leis an gcóiriú a chuirtear ar cheol tíre. Nuair a d'fhiafraigh mé de Chiarán cárbh as a dtáinig tionchar an cheoil tíre agus an *country and western,* roinn sé teoiric an-spéisiúil liom:

> . . . tá an *country and western* agus an sean-nós is dóigh liom fite fuaite ina chéile. Is dóigh liom gur tháinig cuid den *chountry and western* ó na hÉireannaigh a chuaigh thar lear fadó. B'fhéidir nach dtáinig sé uaidh ar fad ach bhí tionchar aige air. Bhí tionchar ag an gceol Gaelach go háirid, agus ag na hamhráin [sean-nóis] ar cheol tíre Mheiriceá . . . agus ansin d'iontaigh sé thart agus bhí tionchar ag ceol tíre Mheiriceá ar cheol na tíre seo, go háirid an *folk music* mar a déarfá. Is mó an tionchar a bhí ag sean-nós na tíre seo agus ag ceol na tíre seo ar an *folk singing* i Meiriceá ná ag aon rud eile . . . ansin bhí tionchar ag an *folk* agus *country* seo ar an gceol a bhí in Éirinn . . . filleann an rud ar ais . . .[42]

Dearbhaíonn Gerry Smyth tuairmíocht Chiaráin agus é ag trácht ar an 'folk movement' sna 1960idí agus sna 1970idí in Éirinn:

> One strand of Irish acoustic music during the 1960s and 1970s was deeply influenced by this American folk revival. This is ironic, of course, insofar as the American folk revival was itself at least partially influenced by older Irish and British traditions, or at least looked to those traditions as examples of the musical authenticity it valued so highly. Trying to sort out who or what inspired what or whom in this story is a difficult task (and a full-time career for many dedicated musical historians).[43]

Is ag trácht ar 'folk movement' an Bhéarla in Éirinn atá Smyth ach tá comharthaí sóirt na hiasachta seo le feiceáil go tréan in amhránaíocht nuachumtha na Gaeilge i gConamara fré chéile, agus ar shaothar Chiaráin Uí Fhátharta go sonrach, rud atá níos íorónta fós b'fhéidir mar gur ó thraidisiún na Gaeilge a d'eascair an tionchar seo ar cheol tíre Mheiriceá ó thús agus is ar thraidisiún na Gaeilge a d'fhill sé i gcruthú seánra amhránaíocht nua-chumtha Chonamara. Tá ábhar leathan staidéir sa méid sin ann féin.

Pobal nua-aimseartha atá ina chónaí i gConamara anois, agus is mór idir an pobal seo agus muintir Chonamara an tseansaoil thraidisiúnta Ghaelaigh. Tá dioscúrsa siombalach an phobail ag athrú agus teastaíonn ón bpobal nua seo sainmhínithe nua a chruthú mar chur síos cuí ar an saol nua ina maireann siad ann anois, saol atá ar scaradh gabhail idir an cultúr Gaelach a d'fhág na sinsir le hoidhreacht agus an cultúr idirnáisiúnta atá ag brú isteach ó chuile thaobh orainn. Tugann an amhránaíocht deis don phobal muinín agus cinnteacht chultúrtha a chur chun cinn, mar a áitíonn Anthony Cohen:

> The reality of community lies in its members' perception of the vitality of its culture. People construct community symbolically, making it a resource and repository of meaning, and a referent of their identity.[44]

Táirge de mheascán mearaí de chultúir is ea an amhránaíocht nuachumtha, a thugann féiniúlacht don phobal as ar eascair sí. Ní féidir neamhaird a dhéanamh di, fiú más rud é nach ardlitríocht atá i gceist, fiú mura bhfuil sí chomh saibhir leis an bhfilíocht bhéil a tháinig roimpi, agus fiú mura mairfidh sí ach seal. Léiríonn an cumasc seo den dúchas agus den idirnáisiúntacht solúbhthacht an traidisiúin chun dul i ngleic le cúinsí nua maireachtála, agus dá mbeadh duine sách dána d'fhéadfaí a rá, b'fhéidir, go dtugann sé fuinneamh agus beocht úr don chultúr. Criticeoir le meon agus dearcadh an-chúng a dhéanfadh díspeagadh ar amhráin Chiaráin mar murach a leithéidí bheadh an traidisiún ag dul i léig. Buíochas do Chiarán agus dá chomhfhilí tá an traidisiún ag fás, ag athrú, ag dul i dtreonna nua – ag maireachtáil. Tá an dúchas Gaelach le feiceáil go tréan i saothar Chiaráin, ach is i saol laethúil na nua-aoise atá sé suite. Tá an dá dhomhan seo, domhan an dúchais agus an domhan nua-aimseartha, fite fuaite ina chéile, mar a mhíníonn Diarmuid Ó Giolláin:

> Baineann an dúchas le domhan amháin, ach cuireann domhain eile isteach air, domhan na gcomharsan, domhan na gcarad carthanach, domhan na namhad foghlach. Agus cuireann an domhan uilíoch isteach air, an domhan atá mar thoradh ar phróisis chuimsitheacha idirnáisiúnta sa mhachnamh, san eacnamaíocht, sa pholaitíocht agus sa chultúr, a thagann chun cinn i ré na nua-aoiseachta ionas gur féidir a rá gur domhan faoi leith is ea an nua-aoiseacht, an domhan ba chuimsithí dá raibh riamh ann, agus gurbh é a loighic an domhandú a dtugaimid ceann dó sa lá atá inniu ann.[45]

Éiríonn le Ciarán Ó Fátharta cleamhnas a dhéanamh idir traidisiún na sinsear agus an cultúr idirnáisiúnta comhaimseartha chun rud éigin a rá faoina phobal féin (agus go deimhin lena phobal féin). Ní mór a rá nach mbaineann an cleamhnas seo leis na focail amháin ach leis an gceol freisin, agus ní féidir aitheantas ceart a thabhairt do thábhacht Chiaráin gan breathnú ar na liricí agus ar an gceol mar aonad iomlán aeistéiticiúil agus sin é an fáth go bhfuil an ceol i dteannta na liricí sa leabhar seo.

Is é an aidhm a bhí leis an saothar seo bailiúchán d'amhráin Chiaráin Uí Fhátharta a chur ar fáil agus iniúchadh a dhéanamh ar a shaol agus ar a shaothar i gcomhtéacs an tsaoil ina bhfuil muid ag maireachtáil i nGaeltacht Chonamara inniu, le súil agus gurb é toradh a bheas ar an saothar brobh beag a bhaileoidh beart amach anseo, b'fhéidir.

Focal buíochais ón eagarthóir

Cuireadh an leabhar seo le chéile ar dtús mar thráchtas do chéim MA sa Nua-Ghaeilge in Ollscoil na hÉireann, Gaillimh i 2003. Tá mé fíorbhuíoch den Ollamh Mícheál Mac Craith a bhí mar stiúrthóir agus mar chara agam i rith an ama sin.

Glacaim buíochas ó chroí le Ciarán Ó Fátharta, a chabhraigh liom ar chuile bhealach agus a roinn a chuid amhrán, a chuid eolais agus a chuid tuairimí liom go flaithiúil. Chuir bean Chiaráin, Lucia, agus na gasúir, Feithín, Muireann agus Finín, fáilte mhór romham i gcónaí agus táim an-bhuíoch díobh ar fad.

Táim buíoch d'fhoireann chartlainne Raidió na Gaeltachta agus Áras Mháirtín Uí Chadhain a thug cúnamh dom úsáid a bhaint as áiseanna cartlainne Raidió na Gaeltachta. Is iomaí cuairt a thug mé ar Chló Iar-Chonnachta agus chabhraigh Deirdre Ní Thuathail liom go foighneach agus mé ag cuardú caiséad agus dlúthdhioscaí.

Tá mé faoi chomaoin ag an Dr Lillis Ó Laoire, a léigh dréachtaí den saothar seo agus a chuir comhairle orm fúthu, ag Lochlainn Ó Tuairisg, a léigh na profaí, agus ag Elaine Cormican agus Valerie Casey, a chuir comhairle orm maidir leis an gceol.

Buíochas freisin do mo chairde ar fad agus do Ghriogair, as gach a ndéanann siad dom.

Ar deireadh, glacaim buíochas speisialta le mo mhuintir, le m'athair Gearóid, le mo mháthair Máire, agus le Siobhán, Frainc agus Seán, a thacaíonn liom i gcónaí sa saol.

— Síle Denvir, Márta 2008.

Nótaí

1. Féach Liam Ó Dochartaigh, 'Éigse an Bhéil Bheo' in Seán Ó Mórdha (eag.), *Scríobh 2*, (Baile Átha Cliath, An Clóchomhar, 1975), 75–89.
2. Fuarthas eolas faoi Tom an tSeoighigh in aiste neamhfhoilsithe a scríobh Tomás Mac Donncha faoina shaol agus a shaothar do Scoil na Gaeilge, Ollscoil na hÉireann, Gaillimh, mar chuid de chúrsa BA.
3. Ruth Finnegan, *Oral Poetry: Its Nature, Significance and Social Context* (Cambridge, Cambridge University Press, 1992), 4.
4. Micheál Ó Conghaile, *Croch Suas É!* (Indreabhán, Cló Iar-Chonnachta, 1986), 15.
5. Micheál Ó Conghaile, *Gnéithe d'Amhráin Chonamara ár Linne* (Indreabhán, Cló Iar-Chonnachta, 1993), 7.
6. Bhí leithéidí Sheáin Bháin Mhic Grianna ag cumadh i nDún na nGall, cé gur bhain sé le ré níos luaithe, agus cumadh roinnt amhrán nua le blianta beaga anuas ó thuaidh ach níor tháinig an rabharta céanna a bhorraigh i gConamara.
7. Agallamh 2 le Ciarán Ó Fátharta, 19 Lúnasa 2003.
8. Agallamh a rinne Máirtín Tom Sheáinín Mac Donncha le John Beag Ó Flatharta, a craoladh ar Raidió na Gaeltachta, 12 Bealtaine 2005.
9. ibid.
10. Gerry Smyth, *Noisy Island: A Short History of Irish Popular Music* (Cork, Cork University Press, 2005), 7.
11. Finnegan, 8.
12. Gearóid Denvir, 'An Béal Beo: Filíocht Bhéil Chonamara Inniu', *Léachtaí Cholm Cille XIX* (1989), 197.
13. Finnegan, 213.
14. Lillis Ó Laoire, *Ar Chreag i Lár na Farraige* (Indreabhán, Cló Iar-Chonnachta, 1992), 27.
15. Steve Coleman, 'Joe Heaney Meets the Academy', *Irish Journal of Anthropology* 1 (1996), 82.
16. Meabhraíonn Ríonach uí Ógáin dúinn go gcasann Dara Bán Mac Donnchadha (duine d'amhránaithe móra sean-nóis an lae inniu) ceann d'amhráin Chiaráin Uí Fhátharta, 'Dífhostaíocht'. Ina theannta sin, cloistear John Beag Ó Flatharta ag canadh amhrán ar an sean-nós. Féach Ríonach uí Ógáin, '"Camden Town go Ros a Mhíl": Athrú ar Ghnéithe de Thraidisiún Amhránaíochta Chonamara' in Fintan Vallely, Hammy Hamilton, Eithne Vallely, Liz Doherty (eag.), *Crosbhealach an Cheoil / The Cross Roads Conference 1996: Tradition and Change in Irish Traditional Music* (Dublin, Whinstone Music, 1999), 225.
17. Mícheál Ó Súilleabháin, 'Crossroads or twin track? Innovation and tradition in Irish traditional music' in Vallely et al.,175.
18. Agallamh 2 le Ciarán Ó Fátharta, 19 Lúnasa 2003.
19. Diarmuid Ó Giolláin, *An Dúchas agus an Domhan* (Corcaigh, Cló Ollscoile Chorcaí, 2005), 123.

20 Finnegan,17.
21 Agallamh 2 le Ciarán Ó Fátharta, 19 Lúnasa 2003.
22 Paul Zumthor, *Oral Poetry: An Introduction* (Minnesota, University of Minnesota Press, 1990), 196.
23 Gearóid Denvir, 'Is É an Saol an Máistir: Filíocht Learaí Phádhraic Learaí Uí Fhínneadha', *Léachtaí Cholm Cille XXIX* (1999), 161.
24 Walter Ong, *Orality and Literacy: The Technologizing of the Word* (New York, Routledge, 1982), 176.
25 Finnegan, 244.
26 Gearóid Denvir (eag.), *Duanaire an Chéid* (Indreabhán, Cló Iar-Chonnachta, 2000), 133.
27 Nuala O'Connor, *Bringing it all Back Home: The Influence of Irish Music* (London, BBC Books, 1991), 107.
28 ibid., 106.
29 Agallamh 2 le Ciarán Ó Fátharta, 19 Lúnasa 2003.
30 Féach Hugh Shields, *Narrative Singing in Ireland: Lays, Ballads, Come-all-yes, and Other Songs* (Dublin, Irish Academic Press, 1993).
31 Fuarthas na lirici ón suíomh idirlín www.bobdylan.com
32 Ó Conghaile (1993), 18.
33 Fuarthas na lirici ón suíomh idirlín www.letssingit.com
34 Agallamh 2 le Ciarán Ó Fátharta, 19 Lúnasa 2003.
35 ibid.
36 Seosamh Ó Donnchadha, *Dánta Fhilí Bhaile na mBroghach* (Indreabhán, Cló Chois Fharraige, 1983), 118.
37 Denvir (1989), 218.
38 Agallamh 1 le Ciarán, 12 Lúnasa 2003.
39 Denvir (1989), 221.
40 Máirín Nic Eoin, *Trén bhFearann Breac: An Díláithriú Cultúir agus Nualitríocht na Gaeilge* (Baile Átha Cliath, Cois Life, 2005), 351–2.
41 Is é Ciarán féin a d'úsáid an téarma seo.
42 Agallamh 2 le Ciarán Ó Fátharta, 19 Lúnasa 2003.
43 Smyth, 18.
44 Anthony Cohen, *The Symbolic Construction of Community* (London, Tavistock, 1985), 119.
45 Ó Giolláin, iii.

Na hAmhráin

1. Amhrán Mháirtín Beag Ó Gríofa

Fad a fhásfas féar ar thalta bán, nó go dtréigfear cuimhne cinn,
Beidh cuimhne ar Dheireadh Fómhair againn, míle naoi gcéad ochtó haon,
Mar d'imigh as an saol seo uainn ár gcara uasal díl,
A raibh a chliú is a cháil ins chuile áit le fáil is mairfidh a cháilíocht choíchin.

Is a Mháirtín Beag Uí Ghríofa, cuirim beannacht leat is céad,
Go lonraí an solas síoraí ort is go sóláfar do thréad,
Fad a bheas ár gcine ag damhsa leo beidh cuimhne againn lenár saol,
Ar na huaireantaí a dhaimhsigh tú ag Oireachtas na nGael.

Is ní dhéanfad choíchin dearmad ar naoi déag seachtó trí,
Nuair a chonaic mé den chéad uair é ag siamsa a bhí i dTír an Fhia,
Ina dhiaidh sea chuir mé eolas air is thuig mé a chliú is a cháil,
Is, a Dhia, nár mhór an áilleacht é ag damhsa ar a dhá sháil.

Ó, tiocfaidh an duine is imeoidh sé 'nós an taoille agus an trá,
Is scaití i ndiaidh na stoirme sea a thagann an lá breá,
Ach beidh cuimhne ar Mháirtín Beag againn is a shúile lán le ceol,
Mar tá mé cinnte dearfa nach mbeidh a leithéid ann go deo.

Tá smúit ar Chonamara fós is ní ghlanfaidh an smúit sin choíchin,
Cén t-iontas a bhfuil sa timpeallacht bheith go brónach in do dhiaidh,
Beidh an t-aos óg go síoraí ag damhsa leo, beidh an seandream i gcónaí ag rá,
Thar dhamhsóirí na cruinne seo ba é Máirtín Beag ab fhearr.

Níl sa saol seo uilig ach cur i gcéill, ní rófhada a bheas muid ann,
Nó go dtreorófar abhaile muid go sásúil siamsúil slán,
Má bhíonn ceol i nGairdín Pharthais romhainn níl rud a bheadh ní b'fhearr,
Ná Máirtín Beag ag damhsa romhainn ag baint torann as na cláir.

2. Amhrán Mhichelle Smith de Brún

Bhí caint mhór ar Fhionn Mac Cumhaill, ach ní raibh sé ach ag siúl,
I ndiaidh éachtaí móra Mhichelle Smith de Brún,
A fuair bonn óir chaon dara lá in Atlanta Mheiriceá,
Is tá *sway* na tíre léi ó chuaigh sí anonn.
Bhí tráchtairí ag rá, ba mhór an ghaisce ceann amháin,
Bhí dóchas ann go ndéanfadh sí thar cionn,
Ach le brí is spreacadh láimh, ar nós eascann a bhíonn ag snámh,
Níor stop sí nó gur bhain sí amach trí cinn.

Curfá:
Moladh muid a héacht go barr na spéire,
Moladh muid a gaisce breá go buan,
Bíodh mórtas mór ar chách, is bíodh cuimhne againn go brách,
Ar an snámhaí iontach Michelle Smith de Brún.

In Atlanta a bhí an spraoi, faoi haon, faoi dhó is faoi thrí,
Nuair a chuir sí gaiscígh mhóra de dhroim seoil,
Nuair a bhain sí an ceathrú ceann, sin an uair a thit an greann,
Agus Gaeil ar fud na cruinne ag déanamh ceoil.
Is nach deas mar a bhí sí ag caint, tar éis na rásaí sin a bhaint,
Is bhí binneas in gach focal óna béal,
Beidh cuimhne agamsa choíchin ar an oíche a chualas í,
Is í ag labhairt amach i dteanga bhreá na nGael.

Curfá

A Mhichelle Rua Mhic Gabhann, is tú an laoch thar laochra an domhain,
Is tú banríon spóirt na tíre seo gan dua,
Is níl aon áit a rachaidh tú ó Atlanta go Ráth Cúil,
Nach dtráchtfar ar do ghaisce is do bhua.

Curfá

3. Amhrán na Gaeilge

An bhfuil an Ghaeilge i ndeireadh a réime, mar atá daoine i gcónaí ag rá?
Ní go rómhaith go dtuigim fhéin é, ach sé an trua é má tá,
Ó, ní hiontas mór ar bhealach í bheith ag dul in ísle brí,
Mar tá daoine a tógadh léi nach labhraíonn níos mó í.

Más duine thú a bhfuil neart Gaeilge agat ach nach labhraíonn í níos mó,
Ná bí ag éisteacht leis an amhrán seo, ná cuir do chuid ama amú,
Níl sé dírithe ort ar aon chaoi, ná an dream mar thú atá ann,
Mar ní athróidh sé bhur n-intinn, ná an dearcadh atá i bhur gceann.

Más duine thú a gcuireann Gaeilge cineál drochbhlas i do bhéal,
Is olc an mhaise dhuit é ar bhealach, is dona thú mar Ghael,
Mar nach dtuigeann tú an tábhacht le go mairfidh sí go deo,
Is gur céasadh sliocht ár sinsear is iad ag iarraidh í a choinneáil beo.

An dream a bhí i mbun na tíre nó i gceannas le bhur linn,
A thug droim láimhe uilig dá dteanga, a chuir an Béarla amach chun cinn,
Ó, dhíbir siad ár nGaeilgeoirí go dtí tíortha i bhfad i gcéin,
Agus d'fhágadar an náisiún seo fíorghann ina dteanga fhéin.

Tá daoine i ngach baile, is Béarla a labhraíonn siad,
Ó, d'aithneoinn de bharr bheith ag éisteacht leo gur le Gaeilge a tógadh iad,
Ó, ní breith ar bith é seo orthu, níl ann ach cineál foghairt,
Ach má tógadh iad le Gaeilge ba chóir dhóibh í a labhairt.

Mar sí teanga bhreá ár sinsear í is coinneoidh muid í beo,
Ó, labhair í an fhad is a mhairfeas tú, dhá mairfeadh tú go deo,
Ó, réitigh amach dhi cásanna, na céadta milliún cás,
Mar níor chóir dhuit cara a thréigint ar a leaba is í ag fáil bháis.

An bhfuil an Ghaeilge i ndeireadh a réime mar atá daoine i gcónaí a rá,
Ní go rómhaith go dtuigim fhéin é, ach sé an trua é má tá.

4. Amhrán na Gaillimhe

Dá mairfinn go bhfaigheadh mé aois Mhaoise,
Beidh cuimhne ag chuile dhuine againn,
Ar na fir mhaithe chróga ón Iarthar,
A shiúil thar an tSionainn le Sam.
Bhí na páipéir go síoraí ag craobhscaoileadh,
Ag scríobh fúinn nach ndéanfaí aon mhaith,
Ach fágadh a cuid focla gan brí ar bith,
Agus fágadh an *Lily* gan dath.

Chaith muid roinnt blianta maith ag fanacht,
Nó go dtabharfaí an Corn ar ais,
An lucht leanta bhí i gcónaí ag leanacht,
Nár shíl siad neart deora le m'ais.
Mo ghrá-sa go deo na fir óga,
A chuaigh amach agus a rinne an beart,
Is a d'imir go díograsach cróga,
A thaispeáin le haghaidh an pheil a imirt ceart.

Ba é Máirtín Mac an cúl báire,
Ba paiteanta a ghardáil sé líon,
Is Ó Míocháin, Ó Fathaigh is Ó Mainnín,
Sa líne taobh amuigh dhó thar cionn.
Is cá bhfágfadh tú an caiptín Ray an tSíoda,
John Divilly is Seán Óg de Paor,
A rinne ruathar is a scóráil an pointe,
A chinntigh dhúinn Corn Mhig Uidhir.

Ba bhríomhar a bhí an Breathnach i lár páirce,
I dteannta le Ó Domhnaill mór,
Bhí réimeas na beirte in airde,
Is breá mar a thóg Seán scór.
Ja Fallon an t-ealaíontóir álainn,
A d'imir le spleodar is spreac,
Nuair a scóráil sé an cic ón taobhlíne,
Nár crochadh an ceann de Chroke Park.

Is nach sciopthaí mar a bhí Michael Donnellan,
Ní ba túisce é taobh thíos ná taobh thuas,
Níl aon chapall i gCurrach Chill Dara,
A bhuailfeadh amach é le luas,
Sé Breathnach agus Derekín Savage,
An Seoigheach, agus Finnegan tréan,
Paul Clancy a tháinig chun páirce,
Is breá mar a d'imir sé fhéin.

Sna fir ionaid bhí fir Chonamara,
A raibh baint acu féin leis an mbua,
Ó Fathaigh isteach as Cill Aithnín,
Kevin Terry ó chlub na Ceathrún Rua.
Pat Comer ón gclub ceannann céanna,
Is as Carna bhí Ó Clochartaigh,
Is an leaid óg ó Chumann Naomh Anna,
Michael Geoghegan as baile Thír an Fhia.

Mo ghoirm lucht riartha na foirne,
Beidh meas agus ómos dhóibh choíche,
Pete Warren is Stiofáinín Seoighe,
Is an bainisteoir O'Mahony.
Mar réitigh siad sin na fir óga,
Atá mar laochra ag chuile dhuine againn,
Théis imirt chomh maith sin i gCroker,
Is a d'fhill thar an tSionainn le Sam.

Ní bréag é ná áibhéil ná magadh,
Ach tá gach atá i nGaillimh imithe fiáin,
Tá an ceiliúradh ar siúl i ngach baile,
A mhairfeas níos faide ná bliain.
Go deo nó go dtiocfaidh an díle,
Beidh cuimhne ag chuile dhuine againn,
Ar na gaiscígh a d'fhág iarthar na tíre,
Agus a tháinig abhaile le Sam.

5. Amhrán na mBáid Mhóra

Tráthnóinín aoibhinn grianmhar,
Is mé suite ansiúd i m'aonar,
Is mé ag breathnú amach ar Árainn,
A bhí go hálainn uaim ó dheas,
Áit a raibh an cuan is íochtar spéire,
Is iad ag síneadh lena chéile,
Ní fhaca mé in aon áit fós,
Aon radharc a bhí chomh deas.

Ar seachrán a chuaigh mo smaointe,
Is smaoiníos ar an bpointe,
Ar na laochra móra millteach,
A bhíodh ag bádóireacht fadó,
Ó Luan go maidin Domhnaigh,
Ag dul amach le luchtaí móna,
Gan neach ar bith dhá gclúdach,
Thríd an mbáisteach is thríd an gceo.

Is iad ag éirí leis an taoille,
Sa samhradh agus sa ngeimhreadh,
Iad ag coimhlint lena chéile,
Nó go ndíolfaidís an mhóin,
Ó, is a Dhia, nach mór an fhaillí,
An tseantrádáil sin bheith bailithe,
Ag breathnú amach inniu air,
Nach í an chaoláire atá ciúin.

Iad ag seoladh ina scórtha,
Báid bheaga agus báid mhóra,
Iad feistithe amach is cóirithe,
Is iad réitithe amach thar barr,
Thríd na tonnta móra géara,
'Bhíodh ag bagairt ar a chéile,
An grinneall thíos dhá n-éileamh,
Is gan eatarthu ach na cláir.

Ó, molaimse go deo iad,
Mar b'iontach an dream seoil iad,
Thrí fharraigí is thrí fheothan,
Gan aon fhaitíos, gan aon bheann,
Mar tá sean-nós na mbáid mhóra,
Fágtha anois ag na daoine óga,
Mar thug na laochra móra siúd,
An traidisiún sin dá gclann.

Ó Ghlinsce aniar go Carna,
Is ó Chuigéal soir go Bearna,
Ó, feicfidh tú ann geallta,
A thógfadh suas do chroí,
Tá siad fós i gConamara,
Oileáin Árann agus Cinn Mhara,
Nár dheas iad a thabhairt faoi deara,
Is iad ag seoladh leis an ngaoth.

Bhí an ghrian is í fós ag scaladh,
Ar mhuir agus ar thalamh,
Is mé ag breathnú ar an gcaladh,
Is ar an radharc a bhí amach romham,
Cé nach raibh aon bhád ag seoladh ann,
Bhí ceolta agus glórtha ann,
Bhí misneach is bhí seanbhádóirí,
Faoi lán seoil fós sa gcuan.

6. Amhrán Ráth Cairn

Nach iomaí píosa a d'fhéadfainn a scríobh,
Dhá mbeinn ábalta ar pheann,
Faoi na smaointe a d'fhága m'intinn,
Is an chuid atá fós ann.
Tá an leathchéad bliain seo curtha agam dhíom
Faoi mhisneach, brón is brí,
Ó thug mé an ruaig bliain tríocha cúig,
Go Ráth Cairn glas na Mí.

Ó, maidin Aoine a chaoin na daoine,
Ag fágáil againn slán,
Níorbh é ár nádúr an áit a fhágáil,
Is an gabháltas a bhí againn ann.
Sé de Valera a d'athraigh an scéal,
Mar is fear é a bhí sách grinn,
Mar cheap sé Éire a dhéanamh Gaelach,
Is an Ghaeilge a chur chun cinn.

Ó, fágadh an baile is chuaigh go Gaillimh,
Is ghlan soir Uarán Mór,
Bhí mná le páistí ina mbaclainn fáiscthe,
Ag triall ar Thír na nÓg.
Fuair muid treoir sa mbaile mór,
Le titim drúcht na hoíche,
Is bhí ceann scríbe curtha againn dhínn,
I Ráth Cairn glas na Mí.

Nach muid a bhí náireach lá arna mháireach,
Ag siúlóid thart faoin tír,
Á chur faoi ndeara le Conamara,
San áit a mbíodh an spraoi.
Ach shil mo shúile deoir le dúil,
Is ghlac mé misneach is brí,
Chuir mé dhíom an cumha i mo bhaile nua,
Ráth Cairn glas na Mí.

Ó, d'imigh lá agus seachtain bhreá,
Is níorbh fhada ann sé mhí,
Tógadh talamh ar phócaí folamh,
Is cuireadh rudaí i gcaoi.
Ó, thug gach éinne cabhair dhá chéile,
Is mhaolaigh sin ár gcás,
Bhí de Valera ceart an chéad uair,
Bhí fréamh na Gaeilge ag fás.

Bhí againn fuíoll na bhfuíoll nuair a d'fheabhsaigh an saol,
Is bhí an baile ag fáil níos fearr,
Bhí treabhaire is eallach ag gach teaghlach,
Is talamh a bhí thar barr.
Bhí chuile shórt den ghreann is den spóirt,
Le fáil againn chuile lá,
Is le cabhair ár bpócaí tá scoil tógtha,
Is áras pobail breá.

Ó, tá go leor le déanamh fós,
Ach tógfaidh sé roinnt am,
De réir a chéile tógfar séipéal,
Is beidh an t-aifreann Gaeilge againn ann.
Beidh an mhuintir thiar ag teacht aniar,
Le scléip is spóirt is spraoi,
Beidh fáilte is féasta roimh gach éinne
I Ráth Cairn glas na Mí.

Tá an leathchéad bliain seo curtha agam dhíom,
Is nach ait mar a d'imigh an t-am,
Tá cnámha an ghlúin a tháinig romhainn,
Faoi shuaimhneas sínte againn ann.
Ach beidh an t-aos óg a thiocfas fós,
Ag inseacht ár scéal faoi,
Is beidh an Ghaeilge bheo le fáil go deo
I Ráth Cairn glas na Mí.

7. Amhrán Sheáin Uí Mhainnín

Beidh cáil ar Chonamara má bhíonn dornálaíocht ann choíche,
B'ait an fear a bhí in Máirtín Thornton is ba mhaith é Máirtín Nee,
Ach tá dornálaí an-damanta againn is déanfaidh mé air trácht,
Sé Seán Ó Mainnín as Ros Muc is mairfidh a cháil go brách.

Ó, rugadh i gCill Bhriocáin é i míle naoi gcéad caoga seacht,
D'fhás sé suas sa mbaile sin, is ann a fuair sé an dreach,
Ó, throid sé ann mar ógánach is ba dheacair é a chloí,
Tá buíochas mór ag dul ar ndóigh do Mhichael Flaherty.

Go deo thú, a Mhike Flaherty, mar thug tú dhó do threoir,
Thaispeáin tú dhó na cleasannaí go misniúil is go cóir,
Tá an stíl sin fanta fós aige is nach aoibhinn é le rá,
Tá cáilíocht bainte amach aige i mBoston Mheiriceá.

Mo ghrá thú, a Sheáin Uí Mhainnín, ó, bheirim leat an barr,
Ní raibh sé riamh in Éirinn againn aon dornálaí ní b'fhearr,
Chomh stuama agus chomh haclaí leat, is an fuinneamh a bhí i do chnáimh,
Is nach iomaí fear a leag tú amach le brí agus spreac do láimh.

Is iomaí troid atá gnóite agat nach dtráchfar orthu choíche,
Lucht nuachtáin agus teilifís níor dhúirt siad mórán faoi,
Ach leanfaidh siad anois thú is beidh siad ag inseacht do scéal do chách,
Is gurb éard a deir an seanfhocal, 'Is fearr go deireanach ná go brách.'

Nach aoibhinn aerach é Ros Muc is mar sin go bhfana sé,
Tá lúcháir ar na daoine ann is cé a thógfas orthu é,
Beidh ceol i gcaitheamh na seachtaine ann, pléaráca is tinte cnámh,
Beidh an laoch ag teacht abhaile is Craobh an Domhain aige ina láimh.

Tá deireadh anois le m'amhránsa agus críochnóidh mé an dán,
Ó, guím chuile bheannacht air ins gach troid a mbeidh sé ann,
Tá Conamara ar an mapa aige is ní ghlanfar é de choíche,
Ó, ghnóthaigh sé an cath ag troid do na datha uaine, bán is buí.

8. An Cosán

Nach leathan é an cosán, ar a bhfuilim ag siúl,
Nach fada chun tosaigh é, fad amharc mo shúl,
Nuair a dhearcaim siar tharam, ní léir dhom a chúl,
Mar tá an cosán seo sínte agus scáinte.
Níl fanta fiú coiscéim ná lorg an dream,
A threabh leo é fadó, tráth a raibh an bheatha fíorghann,
Tá mé ríchinnte go raibh na mílte díobh ann,
Mar is cosán é ar shiúil air na táinte.

Iad tinn tuirseach tugtha, is an t-ocras dhá gcrá,
Ag titim i ndiaidh a chéile, ag fáil bháis chuile lá,
Is lucht rachmais is saibhris na tíre ag ithe a sá,
Is ag díol amach cruithneacht na tíre.

Feicim na leacrachaí cinn ar gach taobh,
San áit inar thit siad, déanadh uaigh den suíomh,
Gan falla, gan balla, gan claí, crann ná craobh,
Gan foscadh na ngrást ach slám cíbe.
Cloisim an caoineadh mar a bheadh daoine ag siúl romham,
Is tá osnaíl ón talamh ag sioscarnaíl fúm,
Tá an t-allas amach thríom is mo choiscéim ag fáil trom,
Cé gur fada uaim fós mo cheann scríbe.

Is táim tinn tuirseach tugtha, ach níl mé i sáinn,
Ní thitfead le lagar mar is maith folláin atáim,
Ní hionann is fadó, tráth a raibh an Gorta Mór ann,
A thug chun bealaigh leath dhaonra na tíre.

9. An Dioscó

Tráthnóna Dé Domhnaigh is mé ag *ramble*áil liom fhéin,
Bhí pionta agam Tigh Josie agus péire Tigh Kheane,
Shiúil mé Tigh an Táilliúra is chríochnaíos Tigh Sé,
Nuair a fógraíodh am dúnadh, bhí mé ag *wobble*áil ar nós gé.

Threabh mise an baile ar nós cineál *hard-case*,
Chuaigh mé soir ag Tigh Cheallaigh go gcuirfinn greim i mo bhéal,
Ó, shuigh mé sa gcúinne is mé ag ithe go mall,
Is gearr gur airigh mé an raideadh breá ceoil as an *hall*.

D'éirigh mé i mo sheasamh agus bhreathnaigh mé amach,
Bhí sráid an *hall* lasta is na daoine ag dul isteach,
Ó, d'fhág mé a raibh agam agus shiúil mé anonn,
Ní raibh na gasúir a bhí thart ann ag dul aníos thar mo ghlúin.

D'íoc mé trí phunt is isteach liom sa *hall*,
Bhí na soilse ag dul as ann ní mba léar dhom mo láimh,
Bhí na daoine óga ag pramsadh, ag damhsa is ag gleo,
Bhí sé deireanach nuair a thuig mé go raibh mé istigh ag dioscó.

Thug mé sracfhéachaint thart le go bhféadfainn é a mheas,
Ach ní fhaca mé tada ag na soilse ag dul as,
Ó, d'imíos de leataobh is mo cheann lán le néal,
Is sheas mé le balla is mo mhéir in mo bhéal.

Tháinig bean aníos i m'aice, sé dúirt mé, 'Teara uait,
Nó go ndaimhseoidh muid damhsa, an staicín is *halfset*.'
Ó, bhreathnaigh sí aisteach, dúirt sí, 'Ag magadh atá tú,
Níl an damhsa sin agatsa sa bhfaisean níos mó.'

Muise, d'fháisc sise isteach fúm is tharraing mé léi,
Agus thosaigh sí ag pramsáil san áit a bhfuair sí *fair play*,
Bhí sí ag lúbadh is ag casadh is ag iontú gach treo,
Is mise ag iarraidh bheith ag aithris ar Bruce Springsteen ag cur dhó.

Bhí na soilse uirthi ag scaladh ar nós bogha ceatha an aeir,
Ní mba túisce ar an talamh í ná ag *jump*áil sa spéir,
Bhí sí ag iontú is ag casadh, ag dul anonn is ag dul anall,
Agus mise dhá leanacht thart timpeall an *hall*.

Nuair a chríochnaigh siad ceart é bhí mé fhéin i ndroch-chaoi,
Theastaigh bealach uaim abhaile is é ceathrú don trí,
Bhí slua as an mbaile ina seasamh taobh thall,
Siad a d'iompair amach mé go dtí an carr as an *hall*.

Tá an fliú faighte ceart agam, ó, a leithéid de *dose*
A chuir mé ar an leaba is níor éirigh mé fós,
Má fhaighim ar ais mo shláinte, má chaithim an fliú,
Ó, ní fheicfear mé ag damhsa ag an dioscó níos mó.

10. An Seanfhear

Bhí mé suite sa bpub lá amháin, is deoch agam is mé ag ól,
Chonaic mé an seanfhear seo sa gcoirnéal úd ar stól,
Gan aon chuireadh shiúil mé liom, is shuigh mé lena thaobh,
Is thosaigh muid ag comhrá is ag cabaireacht faoin saol.

Dúirt sé, 'An saol inar fhás mise ann, bhí sé gangaideach is crua,
Bhí báisteach is teas ón ngaoth aneas, ba fuaire í an ghaoth aduaidh,
Tá an saol sin ag fad athraithe anois, más dochar é nó maith,
Ach do dhuine ar nós mo leithéide, níor athraigh sé a dhath.'

'Dhá mairfeadh tréith mo mhuintire, nach agam a bheadh an só,
Fágadh mé mar dhílleachtaí, is mar sin a bheas go deo,
Go síoraí ag siúl na mbóithre liom, is lagar i mo ghuth,
Mar níl mórán só ag éinne beo a bhíonn go síoraí ag codladh amuigh.'

'Nach iomaí oíche a chaith mé tráth amuigh ar an mbealach mór,
Nach iomaí oíche is lá atá i dhá bhliain is cheithre scóir,
Níl tada ar bith sa saol seo inniu ach cruatan agus crá,
Is níl ní ar bith beo anois fanta agam ann ach an deoch seo atá i mo láimh.'

Bhuel, d'éirigh mé go n-imeoinn uaidh is shín sé amach a láimh,
Ba léir ón gcaoi ar theangmhaigh sé nach raibh níos mó ann ná an chnáimh,
Ach tharraingíos aníos airgead is cheannaigh mé deoch dhó,
Is d'fhág mé ina aonar é sa gcoirnéal úd thall.

Taobh amuigh bhí an oíche gealta arís, bhí an ghealach is í lán,
Thug mé mo chuid smaointe liom, go dtí an áit a raibh m'áras ann,
An oíche sin roimh chodladh dhom, sea shocraigh mé an suíomh,
Is fuair mé ann an páipéar is peann, chun an t-amhrán seo a scríobh.

Más duine thú a bhfuil imní ort don té atá beo bocht,
Cuimhnigh ar an seanfhear seo is déan achainí anocht,
Mar tiocfaidh an t-am is beidh athrú ann, beidh suaimhneas aige is só,
San áit a bheas sé in éineacht lena mhuintir fhéin go deo.

11. An Séipéilín

Tá mé ar ais san áit ba dual dhom, tá na deora le mo shúile,
Ag cuimhniú ar an am údan fadó,
Gach Dé Domhnaigh is lá féile, bhíodh muid bailithe ann le chéile,
Sa séipéilín a bhí le taobh an bhóthair.

An áit ar fhoghlaim muid ciall cheannaithe, scéalta breá ón mbíobla beannaithe,
San áit a mbíodh gach éinne ag iarraidh cabhair,
Bhíodh ár gcroíthe uile thrí lasadh ann, fad a bhíodh an cór ag casadh ann,
Sa séipéilín a bhí ar thaobh an bhóthair.

Curfá:
Ins an séipéilín a bhí ar thaobh an bhóthair,
Ins an áit a mbíodh gach éinne ag iarraidh treoir,
Áit a mbíodh na daoine tagtha, ag iarraidh maiteanas na bpeacaí,
Sa séipéilín a bhí ar thaobh an bhóthair.

Gach lá saoire is Dé Domhnaigh bhíodh na daoine ann ar a nglúine,
Go cráifeachtach, go síoraí ag guibhe leo,
Bhíodh an fear is an bhean is an páiste, is iad ag guibhe ag crann na páise,
Sa séipéilín a bhí ar thaobh an bhóthair.

Is iomaí bóithrín is cosáin chama, a ndeachas ann i rith an ama,
Gan fhios agam céard a thiocfadh romham sa ród,
Gach aon uair a raibh an diabhal ag bagairt, chualas achainí an tsagairt,
Sa séipéilín a bhí ar thaobh an bhóthair.

Ach anois tá deireadh tagtha mar tá an séipéilín seo leagtha,
Ní léifear ann aon aifreann aríst go deo,
Idir muirtéal, rataí is ballaí, níl fágtha ach na spallaí,
An séipéilín a bhí ar thaobh an bhóthair.

Curfá

12. An Stól

Casadh isteach i dteach mé lá
A raibh naonúr ban ar stól,
Bhí chuile dhuine acu ag gaspaireacht
Ach ní raibh éinne acu á ól.
Shamhlaigh mé i m'intinn
Go raibh an stól ag iarraidh a rá,
'Éiridh suas, a phaca bacachaí,
Tá sibh 'mo chéasadh is 'mo chrá.'
Ach níor thugadar aon aird air
Is d'fhanadar ina suí,
Bhí gleann ag teacht i lár an stóil
Is na cosa ag lúbadh faoi.
Ba ghearr go dtáinig an deichiú bean
Agus thosaigh sí ag brú,
Bhí an chuid eile ag teannadh isteach le chéile
Á ndéanamh fhéin níos lú.
Ach ba chuma céard a dhéanfaidís
Ní raibh áit di ann le suí,
Cé go raibh sé nó seacht de stólta
Fágtha folamh ar fud an tí.
Sa deireadh thiar sea chuimhnigh sí,
Go mall a chroch sí a ceann,
Go ciúin deas réidh shiúil sé léi
Is shuigh sí síos ar cheann amháin.

13. An Tuairisc

Tá Kofi Annan agus a bhean Nan,
Nó Nan Khofi Annan,
Mar is fearr aithne ar Nan,
Goite go Baghdad nó go Amman,
I sean-Bhedford *van*,
Le plean a chur os comhair Saddam,
Féachaint a réiteofaí an *scam*
A iompós Iraq ina Vietnam, *with a bang*.

Dúirt Kofi Annan gur cheap sé go raibh an plean,
A bhí aige fhéin agus ag a bhean Nan,
Sách maith le deireadh a chur leis an m*ban*
Atá ar chigirí an UN ag Saddam.
Bhí sé ag ceapadh go sásódh an plean,
Atá aige fhéin agus Nan,
Chuile thaobh
Even Uncle Sam.

Ach nuair a chuala *your man*, Clinton,
Faoi phlean Khofi Annan agus a bhean,
Dúirt sé le Nan,
Wham bam
Thank you Mam,
I'm your man
Catch me if you can.

Ach *by dad* nuair a chuala Saddam
Faoi Khofi Annan
A bheith ag teacht
Go Baghdad nó Amman
Sa sean-Bhedford *van*
Le *mother mór* de phlean
A bhí réitithe aige fhéin agus ag Nan.

Dúirt sé,
'Cuirigí i bhfeidhm an *ban,*
Go mór mór ar Nan,
Because
Frankly, Nan,
I don't give a damn!'

14. Bearáilte

Tá mé bearáilte Tigh Josie, tá mé bearáilte Tigh Sé,
Tá mé bearáilte Tigh an Táilliúra ó thráthnóna arú inné,
Tá mé bearáilte Tigh Hanley, is as Tigh Phlunkett Joe,
Níl aon *phub* sa taobh seo tíre a scaoilfeas isteach mé aríst go deo.

Bhí mé oíche thiar Tigh Hanley, tar éis dhom pionta a ól Tigh Lee,
Bhí an *crowd* againn ann le chéile is muid sa gcúinne siúd inár suí,
Bhí na piontaí is na leathchinn, is iad go flaithiúil ann le n-ól,
Ach níor airigh mise ariamh é go raibh mé tite istigh faoin stól.

Tháinig Réamonn is chaith sé amach mé, fuair mé *jar*áil uaidh faoin stól,
Is dúirt, 'Ná feicim thart thú anseo aríst mar níl tú in ann é a ól.'
Ó, bhuail mé ar mo Honda, chuaigh mé amach Tigh Phlunkett Joe,
Ach ní scaoilfidís isteach mé, is ní scaoilfidh ná go deo.

Ó, dúradh istigh Tigh Jeaic liom nach bhfaighinn uathu ach an ceann,
Ach a dhul amach Tigh Darby, go mbeadh neart le fáil agam ann,
Bhí mé ag *stagger*áil faoin am seo, ag dul anonn agus anall,
Ach bhí Dermot is é ag fanacht romham ansiúd ag binn an *hall*.

Chuaigh mé as sin go Réalt na Maidine agus d'ól mé pionta *beer*,
Agus chuimhnigh mé ar Josie agus *stagger*áil mé siar,
Nuair a *land*áil mé ar an tairseach, bhí Josie is é amuigh romham,
Agus dúirt liom a bheith ag glanadh, go raibh na cosa ag lúbadh fúm.

Tá mé bearáilte as Tigh Josie, tá mé bearáilte as Tigh Sé,
Tá mé bearáilte as Tigh an Táilliúra, ó thrathnóna arú inné,
Tá mé bearáilte as Tigh Hanley, is as Tigh Phlunkett Joe,
Níl aon *phub* sa taobh seo tíre a ligfeas isteach mé aríst go deo.

Ó, chuaigh mé ar mo Honda, fuair mé leathghloine Tigh Sé,
Fuair mé fuílleach óil Tigh an Táilliúra, mar níor aithnigh siad ann mé,
Ó, thosaigh cineál achrann, cuireadh dath dubh ar mo shúil,
Agus dhóirt mé pionta pórtair a raibh mé caillte inti le dúil.

Ní nach ionadh caitheadh amach mé, thug mé m'aghaidh ar an *Hotel*,
Tháinig strainséara amach romham a dúirt, '*You're barred from here as well.*'
Suas liom ar mo Honda, is mé ag *wobble*áil ar nós gé,
Ach bhí an *squad* ag stopadh carannaí ag crosbhóthar Dhoire Né.

'*What's your name?*' agus 'Cé as thú? Anuas den Honda leat go beo,
Céard a tharlódh dhá mbeadh *crash* agat, diabhal tada a changlódh tú go deo.'
Ó, shín siad agam an *bag*ín, agus dúirt liom, '*Have a blow,*'
Agus tháinig chuile chineál dath air dhá mbíonn le feiceáil sa *rainbow*.

Ó, caitheadh isteach sa *squad* mé, caitheadh an Honda thar an gclaí,
Chas siad thart an *squad car* is ar Phat O'Malley thug sí a haghaidh,
As sin go dtí an bheairic, áit ar ceistíodh mé go crua,
Ach beidh cuimhne go deo agamsa ar Ray Lyons is ar Steve Rua.

Tá mé suite anseo ag baile, tá an Nollaig beagnach thart,
Tá mé ag mháinneáil ar nós mada, is mo theanga bheag amuigh le tart,
Ó, beidh an fhéile seo sách uaigneach, agam féin agus ag Cáit,
Níl goir agam a dhul in aon áit, tá mé bearáilte as chuile áit.

Tá mé bearáilte as Tigh Josie, tá mé bearáilte as Tigh Sé,
Tá mé bearáilte as Tigh an Táilliúra ó thráthnóna arú inné,
Tá mé bearáilte as Tigh Hanley, is as Tigh Phlunkett Joe,
Níl aon *phub* sa taobh seo tíre a scaoilfeas isteach mé aríst go deo.

15. Breandán

Maidin sa bhfómhar is mé ag siúl liom an bóthar,
Bhí an ghaoth aduaidh ag séideadh is gan scamall sa spéir,
Chas mé le ógmhnaoi a bhí ag gol is ag éagaoin,
Sí a d'inis an scéal faoi bhás Bhreandáin Uí Eithir.
Tháinig meall ar mo chroí, shil na deora ó mo shúile,
Thit smúit as na spéartha mar dhrúcht ar an bhféar,
Thosaigh an ghrian ag dul faoi, tháinig dúchan i mo thimpeall,
Mar a bheadh gach ní ag caoineadh bhás Bhreandáin Uí Eithir.

Ba é Breandán Ó hEithir an fear macánta, múinte,
Nár choinnigh a shúil dúinte ar aon duine beo,
Thug sé pléisiúr deas séimh trí bheith ag léamh a chuid scéalta,
Ach parthas na réalta go dtuga Dia dhó.
Scéal cráite ar an mbás nach dtug spás dhó is roinnt ama,
Nach é a rinne an feall gránna ar a chairde go léir,
Tá sé sách dona againn fhéin ach is don scríbhneoir is measa,
Atá choíche faoi gheasa ag sárobair Uí Eithir.

Dhá mairfinn an céad nó dhá sroichfinn an míle,
Go deo deo na díle sé Breandán mo réalt,
Mar iriseoir grinn, mar chraoltóir is mar scríbhneoir,
Is mar chara maith dílis do theanga na nGael.
Ní bheidh éan ar aon chraobh nó go gcaithfear an geimhreadh,
Ní bheidh saoirse ná saoire ag aon cheo faoin spéir,
Ní bheidh aon réigiún sa tír ina mbaileoidh na daoine
Nach mbeidh ag síorthabhairt chun cuimhne saol Bhreandáin Uí Eithir.

16. Brig St. John

Scéal cráite atá le n-aithris agam má éisteann tú go grinn,
Ón eolas atá bailithe agam is scéal é atá sách cruinn,
Ach tá roinnt mhaith fós ar iarraidh uaim ar mhaith liom a bheith agam,
Ach an méid atá ann tá sé uilig sa dán faoin ainm *brig St. John*.

Ba é Tóna Ó Conghaile a thóg an bád thart ar mhíle agus ocht gcéad,
Is ba thíos i nGaillimh a múnlaíodh í, cuireadh fad inti agus leithead,
Ó, frámáileadh in aon tseachtain í chomh sciopthaí is bhíodh in ann,
Is ó oileán ar chósta Cheanada fuair sí a hainm, an *St. John*.

Is iomaí turas fada farraige a chuir sí dhi san am,
A raibh dlíthe docht is an saol chomh bocht, is chuile shórt chomh gann,
Thug sí daoine slán ón gcruatan léi, thug sí misneach don té a d'fhan,
Is bhí meas go leor ar Tóna Mór mar ba leis an *brig St. John*.

I gceathracha naoi sea d'fhága sí, faoi Oliver is a chriú,
Mar d'fhan Tóna Mór lena ghrá is a stór, bhí sí buailte síos ag fliú,
Ó, sheol siad Cuan na Gaillimhe faoi spéartha gorm glan,
Is bhí an oíche thar cionn ag an gcéad fiche haon ar bord an *brig St. John*.

Bhí sí ag déanamh isteach ar Mheiriceá, bhí an spéir ag dubhú thoir,
Ní raibh Cohasset sroichte aici nuair a shéid an ghaoth anoir,
Ar na carraigeachaí sea cuireadh í, cluineadh caoineadh cráite ban,
Is ar Ghrampus Ledge i lár na hoíche sea briseadh an *brig St. John*.

Beidh trácht ag cách aríst go brách ar an ár a rinne an ghaoth,
Mar gur beirt is fiche a tháinig slán is báthadh naocha naoi,
Tá cuid acu curthu i Meiriceá ach a frítheadh ag an am,
Tá an chuid eile dhóibh ar iarraidh fós i dteannta an *brig St. John*.

Bhí daoine as Conamara uirthi, as Gaillimh is Condae an Chláir,
Dhá mbeadh Paidí Vail Ó Maolchiaráin beo bheadh an t-amhrán seo ní b'fhearr,
Mar sé Paddy a bhailigh an t-eolas dhúinn go fírinneach is go glan,
Ach i bhflaithis Dé go gcónaí sé le lucht an *brig St. John*.

17. Capaillín

A chapaillín ghleoite, nach rímhór an ghlóir thú,
I do sheasamh go spóirtiúil ar shléibhte Mhám Éan,
Ag síneadh is ag searradh, do do chur fhéin faoi deara,
Do phór Chonamara, go teaspúil faoin ngréin.

Tá do mhianachsa scoilte, idir caiple na gCeilteach,
Is staltrachaí Spáinneach, a raibh spreac ina gcnáimh,
An t-am ar báthadh an tArmada, roinnt mílte ó na cladaí,
Ní achar rófhada, go dtáinig sa snámh.

Curfá:
Caiple breá laidir atá iontu ó nádúr,
Tá a gcáilíocht sna páipéir, ar fud na cruinne go léir,
Ag maireachtáil folláin, i ngleannta is ar thuláin,
Ar chnocáin is mulláin is gach áit dhá réir.

Ag seó mór an Chlocháin, óltar corrdheoch ann,
Is má thagann tú moch ann, feicfidh tú an spraoi,
Bíonn gasúir an bhaile ansiúd orthu ag faire,
Ag tabhairt dhóibh fíoraire ó mhaidin go hoíche.

Ar bhánta an Tí Dhóite, ar Aonach an Fhómhair,
Ina seasamh comhthreomhar, sea a fheictear a dtréith,
Lucht rachmhais á leanacht ag súil lena gceannacht,
Go mífhoighdeach ag fanacht go mbeidh díoltóirí réidh.

Curfá

Tá prionsaí is ríthe a íocann ná mílte,
Á dtabhairt chuig a dtíortha is á mbrandáil i gcéin,
Ní hí an capall is sine í, atá ar fáil ar fud na cruinne í,
Ach sí seod bhreá ár linne í, bheas go brách againn fhéin.

Curfá

18. Clár Joe

Tá aithne agam ar bhean atá gan cuma níos mó,
Ní dhéanfaidh sí tada fiú an ruidín is lú,
Ní mar sin a bhíodh sí cheana ach bríomhar is beo,
Ach b'in sul má chríochnaigh clár Joe.

Bhíodh sí ar maidin ina suí leis an lá,
Is í gléasta i ndea-éadaí is í ag breathnú go breá,
Bhíodh a gruaig nite néata is í ceanglaithe *in a bow*,
Ach b'in sul má chríochnaigh clár Joe.

Bhíodh sí sa leaba go luath roimh an deich,
Is í ag rá lena cairde gurb é an chaoi é le bheith,
Ní théadh sí ag damhsa ná aon chineál gleo,
Ach b'in sul má chríochnaigh clár Joe.

Théadh sí le haghaidh *manicure* chuile Dé Luain,
A huachtar, a híochtar agus suas ar a glúin,
Bhíodh a cuid ingneachaí déanta ní uair ach faoi dhó,
Ach b'in sul má chríochnaigh clár Joe.

Chuaigh sí lá go Gaillimh agus cheannaigh sí carr,
An *model* ba nuaichte, ba luaithe, is ab fhearr,
Thiomáin sí abhaile i thrí bháisteach is ceo,
Ach b'in sul mar chríochnaigh clár Joe.

Bhí sí lách cineálta, ceanúil is cóir,
Bhíodh daoine ag rá scaití go dtéadh sí thar fóir,
Thabharfadh leathbhéilí d'aon duine beo,
Ach b'in sul mar chríochnaigh clár Joe.

Ach ansin tháinig athrú is críochnaíodh an clár,
Tharraing sí clampar agus réabadh dhá bharr,
Is ní dhéanann sí tada anois oíche ná ló,
Mar gheall ar gur críochnaíodh clár Joe.

Chuaigh sí an lá cheana ar an traein go Bleá Cliath,
Is d'fhága sí réabadh is briseadh ina diaidh,
Soithigh is suíochán agus fuinneog nó dhó,
Mar gheall ar gur chríochnaigh clár Joe.

Feicfidh tú anois í is í ag suí ag an mbeár,
Ag ól a cuid *vodka* agus ag diúl ar *cigar*,
Is ní fhágann sí amach é go dtí mall théis a dó,
Mar gheall ar gur chríochnaigh clár Joe.

19. Cré na Cille

Ag dul thar chré na cille dhom,
Ar maidin moch liom fhéin,
D'airigh mé an choiscéimín,
Ag teacht anuas an chéim.
Stán mé mar bhuail faitíos mé,
Tháinig eagla ar mo chroí,
Is chonaic mé mar íomhá é,
Ar an leac le m'ais ina shuí.

Idir faitíos is crith anama,
D'fhiafraíos cérbh é fhéin,
Ach níor fhreagair sé in aon chor mé,
Ach d'éirigh aníos de léim.
Bhreathnaíos ina shúile fhéin,
Go ndéanfainn amach cérbh é,
Ach chúlaíos nuair a labhair sé liom,
Is seo í an chaint a chaith sé.

Curfá:
Tá cré na cille chomh ciúin inniu,
Is go gcloisfeá an féar ag fás,
Tá na milliúin cnámh ina luí ansiúd thall
Ag baint suaimhneas is saoirse ón mbás.
Ó, bheinnse fhéin in éineacht leo,
Dhá gcomhlíonfadh mé an dlí,
Tá fiacha i dteach an óil orm,
Is ní bhfuair mé an seans iad a íoc.

Ó, d'fhiafraigh mé cén fear sa tír,
A raibh na fiacha seo ag dul dhó,
Is thug sé chuile eolas dhom,
Is níor labhair sé smid níos mó.
Bhreathnaíos ar na réalta a bhí
Ina lóchrann ins an spéir,
Is chonaic mé an íomhá ag dul,
Ina lasair thríd an aer.

D'imigh mé de shiúl mo chos,
Is d'íoc na fiacha dhó,
Níl mórán seans go bhfeicfidh mé,
An íomhá seo níos mó.
Ach ní dhéanfaidh mé choíchin dearmad,
Go deo go dté mé i gcré,
Ar an maidin úd ar chas mé leis,
Is an chaint siúd a chaith sé.

Curfá

Tá cré na cille chomh ciúin inniu.
Is go gcloisfeá an féar ag fás,
Tá na milliúin cnámh ina luí ansiúd thall,
Ag baint suaimhneas is saoirse ón mbás.
Tá an íomhá siúd in éineacht leo,
Mar chomhlíon sé an dlí,
Na fiacha i dteach an óil air siúd,
Fuair mise an seans iad a íoc.

20. Cuimhneoidh Mise Ort

Cuimhneoidh mise ort nuair nach gcuimhneoidh mé ar dhaoine mór le rá,
Cuimhneoidh mise ort mar gur roinn tú liom do shaol agus do ghrá,
Mar is duine aoibhinn álainn thú a thug misneach mór don té ba lú,
Is a chuir go leor de t'am amú ag éisteacht le mo phort,
Ach go dtiocfaidh deireadh lenár rás, nó go bhfille an duine ar ais ón mbás,
Fad a bheas uisce ag rith is féar ag fás, cuimhneoidh mise ort.

Cuimhneoidh mise ort nuair nach gcuimhneoidh mé ar nithe a tharla inné,
Cuimhneoidh mise ort is cuma beo cén té a bheas i mo chléith.
Mar gur tú a thug léargas dhom san oíche, a choinnigh mé i gcóir is i gcaoi,
Threabh is chuir tú síol i mo chroí mar a threabhfá is a chuirfeá gort.
Go deo go n-ólfar leann na bhFiann, nó go gcasa an ghealach ar an ngrian,
Nó go mbeidh an saol seo uile saor ó phian, cuimhneoidh mise ort.

Cuimhneoidh mise ort nuair nach gcuimhneoidh mé ar an dream a raibh
   agam leo gaol,
Cuimhneoidh mise ort go brách nó go dtiocfaidh deireadh le mo shaol,
Mar gur tú an phréamh a sceith ar aghaidh is a d'fhás mar rós taobh thall
   den chlaí
An rós nár theastaigh aon cheo uaidh ach spás a fháil sa ngort.
Nó go n-iompaí an saol ar ais mar a bhí nó go bhfeice an duine dath na gaoith,
Deirim leat anois is choíche, cuimhneoidh mise ort.

Ó, go stopa an bhó ag ithe an fhéir nó go gclise an glór ar éanlaith an aeir,
Thar chuimhní uile an tsaoil go léir cuimhneoidh mise ort.

21. Dearcadh an tSaoil

I mo luí dhom ar mo leaba, ag fáil mo dhearcadh ar an saol,
Níl nóiméad ag dul tharam nach bhfuil beatha daoine i mbaol,
Níl tada ar bith sa saol seo inniu ach cogadh, cruatan is crá,
Más tada é sé an chaoi a bhfuil sé ag fáil níos measa chuile lá.

Tá an leaidín beag is óige agam, ó, bliain is ceithre mhí,
Is cheana fhéin feicim é ag dul in ísle brí,
Tabharfad dhó mo chabhair is mo threoir faoin saol seo agus a chruas,
Ach cén sórt saol a bheas aige nuair a bheas sé fásta suas?

Ó, déagóirí na linne seo ní thuigeann siad an cás,
Cá bhfuil an té a thógfadh orthu é mar níl siad ach ag fás,
Ach feicfidh siad ar ball dhóibh fhéin go bhfuil rudaí ag dul thar fóir,
Níl cinnire in aon tír inniu a thabharfas dhóibh a dtreoir.

Tá na cumhachtaí mór go síoraí ag gleo, mar sin a bheas siad choíchin,
Níl caint ar bith ar shíocháin, ní thuigeann siad a brí,
Ach tuigfidh siad ar ball é nuair a bheas sé i bhfad rómhall,
Ar nós Impireacht na Róimhe a bheas an domhan seo uilig ar ball.

An lá a dtosóidh an réabadh seo beidh scréachaíl ann is gleo,
Ó, ísleoidh cnoic is sléibhte, beidh na locha ag fiuchadh leo,
An bláth ná an crann ní thiocfaidh slán ná fiú an tráithnín féir,
Níl aon cheo a fhanfas beo sa saol de bharr smúit a bheith sa spéir.

Tá an dorchadas ag glanadh anois, tá sé ag tosaí ag déanamh lae,
Tá an tuirse do mo bhualadh, tá an codladh ag teacht i mo chléith,
Ach mair chomh fada is a fhéadfas tú is feicfear luath nó mall,
Gurb é an bás ceannann céanna a gheobhas gach duine againn ar ball.

22. Dífhostaíocht

A chairde mo chroí, tá scéilín agam dhaoibh,
Faoin dífhostaíocht atá thart ar fud na háite,
Chaith mé chúig bliana bhreá i monarchan tráth,
Nuair a dhún sé is é a d'fhág mo chroí cráite.

Ba mé ab óige de chlann a raibh seisear againn ann,
Is í mo mháthair an chéad bhean a phóg mé,
Ach in aois mo chúig bliana sea fuair sise tinn,
Dhá bhrí sin sé m'athair a thóg mé.

Bhí an eacnamaíocht faoi luas is mé ag éirí suas,
Bhí monarchain is obair ag teacht againn,
Bhí na fir is na mná ag obair chuile lá,
Bhí saibhreas is suaimhneas á chleachtadh againn.

Lig mé an scoil i léig in aois mo sheacht mbliana déag,
Ní raibh tóir agam bheith ag obair le láí,
Fuair mé post ann gan stró i monarchan mhór,
Is deas éasca a shaothraíos mo pháigh.

I gceann cúpla bliain sea phós mé mo mhian,
Thug sise dhom cabhair agus cúnamh,
Ag an obair lá amháin dúirt fear a tháinig ann,
Go raibh an mhonarchan s'againne le dúnadh.

Bhí againn briseadh croí taobh istigh de shé mhí,
Bhí muintir an cheantair is iad cráite,
Níl aon duine beo ag déanamh aon cheo,
Ach ag siúlóid thart timpeall na háite.

Nuair a shiúlaimse síos ag an eastát sin thíos,
Nuair a fheicim an áit is é folamh,
Tagann meall ar mo chroí ag an ngeata i mo shuí,
Ag faire ar an ngrian ag dul i dtalamh.

Ní dhéanaim aon ól mar níl agam ach an *dole*,
Is iomaí fear atá chomh maith liom a mhair air,
Mar bíonn sé sách gann ag mo bhean is mo chlann,
Is a liachtaí ní eile atá ag faire air.

Ach tógfad mo chlann chomh maith is atá mé in ann,
Má choinním mo chuid fiacha glanta,
Scaipfidh siadsan gach treo nuair a fhásfas siad suas,
Mar níl blas ar bith beo anseo dhóibh fanta.

23. Dílleachtín Bocht Ó

Bhí mé amuigh aréir, a dhílleachtín bhocht ó,
Is mé ag imeacht thart sa spéir, a dhílleachtín bhocht ó,
Mé ag eitilt liom go ciúin díreach mar a múineadh dhom,
Mé go síoraí ag faire fúm, a dhílleachtín bhocht ó.

Bhí mé os bhur gcionn, a dhílleachtín bhocht ó,
Bhí an radharc a bhí agam thar cionn, a dhílleachtín bhocht ó,
Bhí daoine ag siúl go réidh ach ní fhaca éinne mé,
Ba mhar a chéile dhóibh é, a dhílleachtín bhocht ó.

Fuair mé ordú amach san oíche, a dhílleachtín bhocht ó,
A chuir criothnú i mo chroí, a dhílleachtín bhocht ó,
Bhí an fhuil ag rith sa bhféith, is mo mhéir is í i gcónaí réidh,
Gur scaoil mé an buama ó chlé, a dhílleachtín bhocht ó.

Choisric mé mé fhéin, a dhílleachtín bhocht ó,
Chomh luath is a d'fhága an buama an *plane,* a dhílleachtín bhocht ó,
Ní bhfaighidh mé amach go deo cé méid duine nár fhan beo,
Sé mo léan é teacht i do threo, a dhílleachtín bhocht ó.

Le maidneachan an lae, a dhílleachtín bhocht ó,
Bhí mé ar ais ar thalamh réidh, a dhílleachtín bhocht ó,
Chuartaigh mé na meáin ach ní raibh focal fiú fúthu ann,
Ní raibh ansin ach eachtra amháin, a dhílleachtín bhocht ó.

Ní thagann athrú ar bith sa saol, a dhílleachtín bhocht ó,
Mar tá daoine i gcónaí i mbaol, a dhílleachtín bhocht ó,
Tá cinnirí faoi bhród is iad ag treabhadh leo sa ród,
Théis na mílte a chur faoin bhfód, a dhílleachtín bhocht ó.

Nuair a bheas an léirscrios thart, a dhílleachtín bhocht ó,
Ní bheidh caint ar cé a bhí ceart, a dhílleachtín bhocht ó,
Mar théis uafáis agus ár ní raibh ariamh aon bhlas dá bharr,
Ach na mílte sínte ar lár, a dhílleachtín bhocht ó.

24. EACHTRA

Níl fhios céard a tharla dhó
Tá na saineolaithe ag rá nach bhfuil acu *clue*,
Ach chuaigh sé siar a chodladh oíche amháin
Agus níor éirigh sé níos mó.
Bhí a bhróga bainte dhó aige
Is iad fágtha le hais an dorais ins an *hall*,
Ach níor frítheadh fiú an dochtúir dhó
Ní raibh aon chall mar bhí siad uilig rómhall.

D'imigh lá agus píosa breá
Sul má iarradh orm fhéin agus ar Joe
Áit a fháil sa reilig,
Agus ansin a dhul is uaigh a dhéanamh dhó.
Thóg sé tamall maith orainn
Ach is fíor a rá gur íoc muid as go daor,
Mar stop muid ar an mbealach as
Is bhuail isteach gur ól muid scalach *beer*.

Seo í anuas an tsochraide,
Níl aon rogha agam, caithfidh mé a dhul ann,
Ó, ní hé an áit is fearr inniu liom é,
A Chríost an domhain, tá pian an diabhail i mo cheann.
Cé leis an carr mór galánta?
Sin deartháir dhó a chuaigh is a rinne thar cionn,
Bhuel ní hionadh mór ar bhealach é
Mar is dream iad seo ariamh nár chaith aon phingin.

Ó, siúd é thuas an sagart,
Ag déanamh tagairt don té atá os cionn cláir,
Agus shílfeá óna sheanmóir
Nar rugadh ariamh san áit aon fhear ní b'fhearr,
Ach níl fhios ach ag beagán é
Ach is fear é siúd nár thug ariamh dhom gean,
Bhuel ní milleán air ar bhealach é
Mar fuair sé mé in éineacht lena bhean.

25. Exhaust Pipe

Chuaigh mise isteach go Gaillimh cúpla seachtain roimh an gCáisc,
Isteach Tigh Iggy Madden ag iarraidh *exhaust pipe* le haghaidh an chairr,
An fear a bhí istigh san oifig ann, nár fhiafraigh sé dhíom cén fáth
A mbíonn muintir Chonamara ag iarraidh *exhaust pipes* chuile lá.

Tharraing mé agam mo chathaoir mar ba mhaith liom a bheith 'mo shuí,
D'insíos scéal na mbóithre dhó, a gcuma agus a gcaoi,
Má bhíonn tú ag déanamh tríocha is thú ag dul thimpeall casadh géar,
Ní túisce ar an mbóthar thú ná ag imeacht thríd an aer.

Gabh siar go hOileán Gharumna agus síos go dtí an Trá Bháin,
Níl sé in ann ag muic ná mada aon choisméig a thabhairt ann,
Gabh siar go Leitir Mealláin is ar ais bóthar Thiar an Fhia,
Ó, cinnte dearfa bhrisfidís do chroí.

Gabh amach ag Páirc an Mháimín agus soir go Leitir Móir,
Is cosúil leis an gcladach é, gan cuma ná gan cóir,
Gabh siar go Leitir Calaidh, Béal an Daingin is Eanach Mheáin,
Tá bóithre Chonamara ina gcráin.

Tá mé anois ag teacht as Gaillimh is tá *exhaust pipes* ag éirí gann,
D'íoc mé trí scóir punt air, idir VAT is a bhfuil ann,
Tá an Spidéal bainte amach agam is níl sé blas ar bith níos fearr,
Is a Chríost an domhain, tá *hop*áil ag an gcarr.

Tá mé i ngar a bheith sa mbaile anois, tá meabhrán i mo cheann,
Murach Anadins a bhíonn faoin *dashboard* agam ní dhéanfainn an bealach slán,
Bíodh an diabhal ag an eacnamaíocht is a bhfuil de TDs thuas sa Dáil,
An bhféadfadh duine eicínt slám *tarmac* a chur ar fáil?

26. LONDAIN

Slán leat, a Londain, ba mhaith dhom agam thú,
Ach níl aon ghraithe agam fanacht in do chléith níos mó,
Tá mo chroí is m'anam is m'intinn fós i nGaillimh,
Ón lá a dtáinig mé aniar bhí rún agam filleadh siar abhaile.

Slán ag na trinsí is ag na *bos*sannaí géar,
Slán ag Oxford Circus is ag Leicester Square,
Ó, chuile lá bíonn an *tube* do mo chrá dhá faire,
Ach tá deireadh á chur agam leis ó tharla mé ag fáil deis a dhul abhaile.

Is iomaí féar a d'fhás trí thalamh ón lá a dtáinig mé aniar,
Níl mé tada ar bith níos saibhre ná mar a bhí mé thiar,
Cé gur shaothraíos é ach d'imigh sé ceal aire,
Ach b'fhearr liom go mór mór bheith fiú is ag fáil an *dole* thiar sa mbaile.

Slán libh, a chairde, ná bíodh oraibh buairt,
Is má bhíonn sibh thiar i gConamara tagaidh agam ar cuairt,
Beidh fáilte is fiche romhaibhse choíche i nGaillimh,
Tá mo phleansa curtha i gcrích, is tá áthas ar mo chroí bheith ag dul abhaile.

So, slán leat, a Londain, ba mhaith dhom agam thú,
Ach níl aon ghraithe agam fanacht in do chléith níos mó,
Tá mo chroí is m'anam is m'intinn fós i nGaillimh,
Ón lá a dtáinig mé aniar, bhí rún agam filleadh siar abhaile.

27. Maggie Thatcher

Tá aithne ar Mhaggie Thatcher agaibh, cá bhfuil an té nach bhfuil,
Mar is iomaí fear a mharaigh sí, is mar gheall uirthi doirtfear fuil,
Chuaigh an Taoiseach s'againne anonn aici le sásamh eicínt a fháil,
Cibé rud a bhí ag dul anonn aige, ní raibh tada ag teacht anall.

Tá sé bailithe anonn go Sasana chúig huaire uilig le mí,
É fhéin is Peter Barry is an *New Forum* acu i gcaoi,
Ó, leag siad isteach ag Maggie é, dúirt sí, '*What's it all about?*'
Níor léigh sí ach an chéad *pharagraph* nuair a dúirt sí, '*Out, out, out.*'

Sí Maggie an bhean is measa acu, tá iarann ina láimh,
Mar tá an ghráin shíoraí ceart aici ar Fine Gael is ar Fianna Fáil,
Níl aon mheas aici ar na hÉireannaigh, ó, níl sí ceart ná cóir,
Mar is mar a chéile díreach í le Paisley an chloiginn mhóir.

'Frig san aer thú, Maggie Thatcher,' dúirt an Taoiseach arú inné,
'Má chastar aríst i mo bhealach thú, ó, déanfaidh mé dhíot gé,
Mar chaith tú an bhliain ag magadh fúm, is mo mhaslú i gcaitheamh an am,
Ach bheirimse mo mhallacht dhuit ins gach ceard dá mbeidh tú ann.'

Ó, thriáil siad í a scanrú, nó go n-athróidís a streill,
Ach ní fiú is go ndeachaigh *scratch* uirthi nuair a *bomb*áileadh an *hotel*,
Tá caint mhór ar Ghadaffy, Ayatollah is a bhfuil ann,
Is ar *Arab* mhór an airgid a bhfuil an naprún ar a cheann.

Ó, a Éireannaigh atá i Sasana, ná tugaidh uirthi aon aird,
Nach sibh féin a thóg na *motorways* atá déanta ins chuile cheard,
Ó, d'oibrigh sibh go daingean ann le brí agus spreacadh láimh,
Ó, shaothraigh sibh bhur gcuid airgid, is ní bhfuair an *taxman bugger all*.

Sí Maggie an bhean is measa acu, sí is uafásaí le fáil,
Tá spíodóirí ins gach áit aici ó na Falklands go dtí an Dáil,
Tá muide i bhfad ró-éasca aici, tá an Taoiseach i bhfad ró-réidh,
Ba cheart dhó éirí as na cainteannaí, is í a thabhairt don IRA.

'*Frig* san aer thú, a Mhaggie Thatcher,' dúirt an Taoiseach arú inné,
'Má chastar arís i mo bhealach thú, ó déanfaidh mé dhíot gé,
Mar chaith tú an bhliain ag magadh fúm, is mo mhaslú i gcaitheamh an am,
Ach bheirimse mo mhallacht dhuit ins gach ceard dá mbeidh tú ann.'

28. Na Laethanta Romham

Siúlaim cnoic is gleannta ar nós fear a bheadh gan chiall,
Sáim mo shrón fad an bhealaigh romham is gan a fhios agam cá bhfuil mo thriall.
Ní raibh tada ar bith ariamh agam ach saol a bhí crua agus dian,
Fad is a bheas mé beo ní bheidh agam go deo ach an spéir atá os mo chionn.

Curfá:
Mar is duine mise nach bhfuil tada agam ach na criathraigh báite seo romham,
Is mar a chéile dhom é an lá inniu is an lá inné, is chuile lá amach romham.

Ag smaoineamh siar dhom ar laethanta m'óige, an chaoi ar chaith mé tús mo shaoil,
Bhíodh agam suaimhneas croí i measc comharsanaí, mo chairde is mo ghaoil,
Mar thug an bás mo bhean leis is céad faraor scaip mo chlann,
Is tá an chrois an-trom atá mé a iompar romham ar fud na mbóithre fada cam.

Curfá

Is nach aoibhinn do na héanachaí atá go glórmhar binn sa spéir,
Is tá mise inniu is mo chroí chomh dubh leis an ngual a dódh aréir,
Cibé chomh fada is atá an bás uaim, nó go dtaga sé i mo threo,
Nó go sínfear mé siar go domhain i gcré ní bheidh suaimhneas agam ná só.

29. Ráth Cairn Glas Gréine na Mí

Seachtó bliain bailithe is tá an baile seo ag breathnú thar cionn,
Tá an cultúr fós fanta is é measctha le féithe breá grinn,
Tá teanga na Gaeilge faoi shéala is go bhfana sí choíchin,
I mbaile Ráth Cairn ar mhachairí fairsing na Mí.

Ó, neamh é ar talamh is tá boladh na gcrann ar chaon taobh,
Tá na meacha is na sceacha ag baint meala as bláth chuile chraobh,
Tá na páirceanna glasa faoi gheasa ag an ngrian is í ag dul faoi,
I mbaile na Féinne Ráth Cairn glas gréine na Mí.

Is mo ghrá iad an seandream a d'oibrigh ann le capall is céacht,
A d'oscail an talamh is ní ag magadh é nach ndearna siad éacht,
Ní hé sin a chleacht siad ach ag treascairt le cladach is muir,
Maireann an talamh ach céad faraor ní mhaireann an té a chuir.

Má thagann tú an bealach seo feicfidh tú ceantar mar atá,
Ó oíche go maidin tá an baile thrí lasadh is faoi bhláth,
Tá na daoine deas measúil, iad geanúil ar spóirt is ar spraoi,
Gach lá dhá dtéann tharainn i mbaile Ráth Cairn na Mí.

Tá an seachtó bliain bailithe is tá tríocha le dhul go dtí an céad,
Beannacht le hanam na mairbh is go síolraí a dtréad,
Ach go méadaí Dia an tallann atá againn is go bhfága sé a rian,
Ar bhaile Ráth Cairn mar ní achar rófhada céad bliain.

Tá na deora ag sileadh is mé ag filleadh ar an áit a bhfuil mo chroí,
Tá an baile níos deise is níos treise ná sna laethanta a bhí,
Ómós ón bhfile sea suí agus tuilleadh a scríobh faoi,
Baile gach éinne Ráth Cairn glas gréine na Mí.

30. Scriosta ag an Ól

Tá mise leis na blianta is mo smaointe i bhfad i gcéin,
Gan deoraí ariamh i mo ghaobhar ach mé ag imeacht asam fhéin,
Gan an phingin agam i mo phócaí, ach mé ag faire ar an *dole*,
An Satharn dhá thógáil, is an tseachtain a chaitheamh dhá ól.

Is fear mé atá gan aoibhneas, gan aon suaimhneas, gan aon só,
Tá mo shaolsa ar fad millte ag ól na dí d'oíche is de ló,
Is iomaí píosa maith a bheadh scríofa agat sul má d'inseofaí mo scéal,
Mar níl lá anois le mo chuimhne nach raibh buidéal le mo bhéal.

Gearradh amach ón gcreideamh Críostaí m'intinn-sa go léir,
Thit mé i bpeaca ar an mbealach agus d'iompaigh mé in aghaidh Dé,
Thug mé cúl don chine daonna, dhá gcuid tréithe is dhá gcaoi,
Ar nós Iúdás nuair a thréig sé Íosa Críost i nGaililí.

Curfá:
Ar nós oileáinín a bheadh tréigthe, a dtug na daoine suas a gcás,
Ar nós crann a bheadh gan géaga, a mbeadh na préamha stoptha ag fás.
Ar nós farraige mhór théachta, a bheadh á réabadh in íochtar *pole*,
Mar sin atá mo shaolsa ar fad, scriosta ag an ól.

Sula gcodlaím ins an oíche bímse timpeallaithe ag ceo,
Tagann mearbhall mór ar m'intinn, is feicim daoine ag siúl i mo threo,
Bíonn mo chroí ag déanamh píosaí, a Mhuire dhílis, is dom is eol,
Tá sé ráite, is maith is fíor, nach raibh caoi ariamh ar fhear an óil.

Is iomaí duine a bhfuil mo chaoi-sa air sa saol seo is fíor a rá,
Is iomaí brocamas is fuílleach a fhágann taoille istigh ar thrá,
Tabharfar breith ar an gcine daonna nuair a bheas na flaithis lán,
Thabharfainn seo suas ar an bpointe dhá mbeinn cinnte go mbeinn ann.

31. Seáinín

Tríocha bliain a bhí Seáinín nuair a theip an barr ar dtús,
Is beag a cheap sé an t-am sin nach raibh sé ach ina thús,
Mhair sé chomh maith is a d'fhéad sé, ar thoradh an bhliain roimh ré,
Bhí am níos fearr le theacht ar ball, nó b'in é mar a cheap sé.

Tríocha haon a bhí Seáinín nuair a lobh an barr aríst,
Bhuail imní mhór na daoine, is an t-ocras ag déanamh mísc,
Lean sé air go hanróiteach, leis an talamh d'fhan ag gabháil,
Ba ghearr go raibh a chuid cnámha uilig le feiceáil thríd an bhfeoil.

Tríocha dó a bhí Seáinín nuair a chlis an tríú bliain,
Thosaigh daoine ag fágáil, fuair an Gorta Mór a ghreim,
Ach buaileadh tinn a mhuintir, rud a tharla do go leor,
Is a bhean is a chlann níor tháinig slán ó ár an fhiabhrais mhóir.

Tríocha trí a bhí Seáinín, nuair a thosaigh sé ag siúl,
Amach faoi bhánta feannta, lena bhaile thug a chúl,
Lean boladh bog na feamainne, ag súil is go bhfaigheadh sé bia,
Ach thit ar bhruach na farraige is rinne a shíocháin ann le Dia.

Ceithre dhuine is tríocha atá curtha i mBarr na Trá,
I dteannta ann le Seáinín, tá gasúir, fir is mná,
Cé gur chaith sé naoi mí fhada go te teolaí ins an mbroinn,
Ní raibh dhá bharr ach é sínte ar lár is gan leac fiú os a chionn.

32. Agallamh Beirte: Teilifís na Gaeltachta agus an OK Corral

Máirtín: Ara muise, mallacht Dé air, níl fear ar bith as an áit air.
Féach an *bitch* de *television* sin, is níl pictiúr ná *frig all* air.
Tá sé coicís ó shin ó labhair mé leis, agus gheall sé dhom lom láithreach
Go mbeadh Clancy Chlan Electric amach agam lá arna mháireach.
Ó, ní mórán atá mícheart leis, mar tá an chaint ag teacht go hálainn.
Sé an pictiúr atá *frig*eáilte, níl air ach línte bána.
Labhair mé le Paddy Geraghty sin, ach ní leagfadh seisean láimh air.
Tá mé ag ceapadh go dtabharfaidh mé cúpla *tap* den chasúr dhó.
Is é an leigheas é a bhíonns in Árainn.
(*Cnag, cnag.*)
Hea? Á, tá diabhal eicínt anois agam.
Ciarán: 'Bhfuil duine ar bith san áit seo?
M: Hea? Ó, a dhiabhail, tá duine eicínt ag caint liom fhéin.
C: Cén chaoi a bhfuil tú, a Mháirtín?
M: Óra, a *bhitch* go deo cé as ar éirigh tú?
Tá sé coicís ó chuir mé scéala agaibh, is go dtí anois níor leag mé láimh air.
C: Ó, oibrigh leat a Mheáirt a mhac, is tabharfaidh mise láimh dhuit.
Go deimhin, ní mórán atá fhios agamsa faoi, ach is i dteannta a chéile is fearr muid.
Gabh thusa anois ag brú na *knob*annaí, agus gabhfaidh mise ar an áiléar.
Is dócha gur ann atá an *ariel*?
M: Ó a dhiabhail, ní hea, ní hea, nach bhfuil sí anseo i mo láimh agam.
C: Cén chaoi sa diabhal a n-oibreodh sé is an *ariel* i do láimh agat?
Jesus, ach níl anseo ach píosa de *choat hanger*.

M:	Is diabhaltaí an cineál pleidhce thú, níl do leithéid eile in Árainn. Ag súil go n-oibreodh *television*, le *hanger* is bloicín adhmaid. Ach mura ngabhfaidh sí ar an simléar, a deir sé, níl aon mhaith í a chur ar an áiléar. Is sin áit nach ngabhfaidh sí, dhá mbeinn gan aon phictiúr a fháil go brách air. Nach bhfeicfidh madraí an bhaile, *inspectors* is a bhfuil ann í. Is a dhiabhail, dhá mbéarfaí orm is gan aon *licence* agam, *jeepers* bhí mé náirithe.
C:	Ceart go leor. Is dócha go bhfuil an ceart agat. Sé díol an diabhail a bheith náirithe. Mar is iomaí fear a beireadh air faoi rud i bhfad i bhfad níos fánaí. Fág an bealach orm. 'Bhfuil *channel* ar bith le fáil air?
M:	Ó a dhiabhail, tá *channel two* thar barr air. Ach nach gearr nach dteastóidh ceann ar bith acu, ach beidh ár mbealach fhéin go gearr againn.
C:	Ár mbealach fhéin?
M:	Sea, Teilifís na Gaeltachta.
C:	Teilifís na Gaeltachta? Ní fheicfidh tú go brách é. *God damn it man*, mar a deir an fear. Níl ann ach cat i mála. Ach céard sa diabhal a chuirfí air, mara gcuirfí fógraí báis air? Nach bhfuil muid bodhraithe ag an *radio*, is a bhfuil á gcailleadh i *Donegal* air.
M:	Ha ha ha! Á, nach gcuirfí áilleacht Chonamara air, a dhiabhail, nó na báid ag dul go hÁrainn. Ach idir mé fhéin is tú fhéin, níl dabht ar bith i m'intinnse nach mbeadh *Westerns* thar barr air.
C:	*Westerns?*
M:	Sea, iad a dhéanamh thart na bealaí seo agus Bob Quinn a bheith ina cheann air. Is a dhiabhail, céard a theastódh uait ach cúpla capall, agus nach bhfuil neart acu ag na Máilligh.
C:	*Christ*, a Mheáirt, ó labhair tú air, ghlacfainn fhéin mo pháirt ann. Tombstone a dhéanamh den bhaile seo, is an *saloon* a bheith Tigh an Táilliúra.
M:	Dar m'anam, tá an *Brookestone* cheana ag Agatha.

C: Agus an banc in aice láimhe.
M: Agus an *sheriff* a bheith sa mbeairic againn.
C: Is Tigh Mhicí a bheith mar cheárta.
M: Go díreach. Mise ansin a bheith mar *sheriff* ann ag coinneáil *law and order*.
C: *No, no, no*. Mise a bheadh mar *sheriff* ann, mar tá na coisíní róghearr fút.
Ach, an mbeifeá sásta a bheith mar *deputy*, mar fhear a thabharfadh láimh dhom?
M: *No way*. Bheinnse ann ar nós Doc Holliday, ag ól is ag caitheamh is ag imirt chártaí.
C: *OK* mar sin, Doc, glacaim leis, ach ar do bhás ná déan aon chontaráil.
Sin é anois an *scenario*, ach cén chaoi a gcuirfear tús leis?
M: Inseoidh mise dhuit cén chaoi a gcuirfear tús leis.
Gabh anall anseo. Gabh i leith.
C: Cén diabhal atá tú a dhéanamh?
M: Crom a dhiabhail, crom síos, fan nóiméad anois.
C: *Jeepers*.
M: Mise anois agus mo chapall agam, agus mé ag dul isteach go Tombstone. *Yee hah*!
C: *No, no. No way*. Nach sa *saloon* a bheadh Doc Holliday.
Sé an *sheriff* a bheadh ag teacht go Tombstone.
M: Ó, stop, a dhiabhail. Éirigh dhíom. Éirigh dhíom. Gabhfaidh mise isteach. Is mise anois Doc Holliday agus séard mé fhéin ná *friggin'* contúirt.
C: Ansin thiocfainnse isteach ar nós *wanted man*. Mí na marbh agam ar na guaillí.
I mo shuí sa tsrathair le mo chóta leathair, gan ag corraí ach na súile.
Daoine a bheas ar an tsráid is mé ag dul thar bráid, umhlóidh siad go múinte.
Is beidh cearca is géabha ag dul thar a chéile le dhul ar chúl an dorais dúinte.
M: Beidh mise istigh is mé ag caitheamh *cigar*, ag ól is ag imirt chártaí.

	Is mé gléasta amach le mo *stetson* geal is culaith dhubh faoi lásaí.
	Ní bheidh sa mbeár ach scoth na bhfear, nach dtagann ann ach scaití.
	Buffalo Bill agus na triúr Kids: Sundance, Billy agus Cincinnati.
C:	Chasfainnse m'each go deas isteach, agus cheanglóinn í don chrúca.
	Agus scaoilfinn anuas an *wanted man* mar a scaoilfeá mála siúcra.
	Bheadh Joe Joe Ridge ag tomhais ansin le mo dhuine a chur i gcónra.
	Agus thríd an *ngang* shiúlfadh Father Lang, an *padre* a bheadh i dTombstone.
M:	Sa *saloon* bheadh an cluiche ag teacht chun críche, is an Doc chun cinn go héasca.
	Ach ligfí fead is ghabhfaidís ar na gunnaí, is ansin a thosódh an pléascadh.
	Bang, bang, bang. Ar an táirtín bhí beirt, ach bheadh triúr againn fós inár seasamh.
	Mé féin is an Buffalo is an Kid, mo léan an bheirt is measa.
C:	Ansin ghabhfadh mise a chúnamh dhuitse, is mé struipeáilte i mo léine.
	Le chéile a mhac, mé fhéin is an Doc, is ní chúlódh muid ó éinne.
	Ar an tráth, is muide is sciobthaí atá.
M:	Ní rabhadar ag luí inár ngaire
C:	Chuirfí Kid is Bill go Boot Hill, sin í reilig.
M:	Fan, bheadh *edit*, is thiocfadh na *credits*, agus scríofa trasna an scáileáin,
	Bheadh ainm agus sloinne chuile dhuine a rinne a chion is a pháirt ann.
	Bheadh mná na háite is a gcuid súile sáite ann, ó nach iad a bheadh go péacach.
	Is na fir ar mire ag fanacht leis an gcéad *Western* eile, a bheadh ar Theilifís na Gaeltachta.
C:	Breathnaigh a Mháirtín, beidh mé buíoch go brách dhíot.
M:	A, fáilte romhat a mhac.
C:	Ach saighneáil suas mé láithreach, is aniar ón *radio* a tháinig mise, ag cuardú písín le haghaidh amáireach

M: Ha, ha, muise, glan as m'amharc. A bhastard bradach, nár chuire Dia dílis an t-ádh ort.
Nach mise a bhí *silly*, ag ceapadh gurb in fear *telly*. *Cripes*, nach hin é Ciarán Ó Fátharta.

Nótaí ar na hAmhráin

Na Téacsanna

Tá leaganacha éagsúla d'amhráin Chiaráin Uí Fhátharta i mbéal an phobail ach glactar le leagan Chiaráin féin de na hamhráin sa saothar seo. Níl fhios ag Ciarán cé na blianta a cumadh an chuid is mó de na hamhráin agus dá bharr sin bheartaigh mé iad a chur i láthair anseo in ord aibítre. Cloítear chomh fada agus is féidir leis an gcanúint áitiúil mar a bhí ag an údar féin ach déantar iarracht san am céanna gan an teanga chaighdeánach scríofa a chur rómhór as a riocht. Mar shampla, leantar nós na canúna seachas an caighdeán oifigiúil maidir leis an tuiseal ginideach: m.sh. 'ar nós eascann' (**2:7**)*, 'cineál drochbhlas' (**3:9**), 'cineál achrann' (**14:27**). Chomh maith leis sin, is minic a leanann foirm uatha den ainmfhocal foirm iolra den aidiacht sa tuiseal ainmneach agus sa tuiseal tabharthach m.sh. '*bossannaí géar*' (**74:5**). I gcás an bhriathair, mar shampla coitianta eile, ní shéimhítear focail de ghnáth sa chanúint ar lorg na copaile san aimsir chaite: 'ba paiteanta' (**4:19**), 'ba túisce' (**4:35**). Glactar le malairtí focal mar atá siad in *Foclóir Gaeilge-Béarla* Uí Dhónaill. Maidir leis an bhforainm réamhfhoclach, cloítear leis an gcaighdeán: go minic deirtear 'a'inn' sna hamhráin ach scríobhtar 'againn' mar shampla, ach amháin sa téacs ceoil. In áit 'is é' a scríobh cloítear leis an nós canúnach 'sé' sa leagan scríofa.

Na Téacsanna Ceoil

Tugtar an chéad véarsa (agus an curfá, más ann dó) i nodaireacht cheoil. Leagan ginearálta den amhrán atá i gceist agus ní bhreactar síos ornáidíocht ar bith. Tharla nach féidir a thabhairt ach láithriú amháin ar leith mar théacs ceoil, níl sna téacsanna céanna ach treoir agus ní mór éisteacht leis an amhrán i dteannta an téacs scríofa.

---

* Tagraíonn an chéad uimhir d'uimhir an amhráin agus tagraíonn an dara huimhir don líne m.sh. (2:7) – 'Amhrán Mhichelle Smith de Brún', líne 7.

NODA

Foinsí Scríofa

US   *Up Seanamhach*, Micheál Ó Conghaile, eag., (Indreabhán, Cló Iar-Chonnachta, 1990)

CSÉ   *Croch Suas É!*, Mícheál Ó Conghaile, eag., (Indreabhán, Cló Iar-Chonnachta, 1986)

NF   *Na Fonnadóirí: Taispeántas agus Anailís. Fonnadóirí Pharóiste Leitir Móir*, Risteárd Dónal Mac Aodha, eag., (Indreabhán, Cló Iar-Chonnachta, 1996)

Foinsí Taifeadta

ABLA   Na hAncairí, *Ar Bord leis na hAncairí* (CIC 046, 1990)

AGB   Máirtín Tom Sheáinín Mac Donnacha, *An Ghaeltacht Bheo: Connemara Heart and Soul* (CIC 060, 1990)

CSÉA   Éagsúil, *Croch Suas É Aríst!* (CIC 010, 1988)

F   Peadar Ó Flatharta & Martin Joe Ó Flatharta, *Fáilte* (CICD 134, 1998)

FA   John Beag Ó Flatharta, *An tAncaire: Fiche Amhrán 1980–1990* (CIC 025, 1990)

GTPC   Éagsúil, *Gaelcheol Tíre Phléaráca Chonamara* (CICD 108, 1994)

NF   Éagsúil, *Na Fonnadóirí* (CIC 119, 1996)

MR   Dara Bán Mac Donnchadha, *Máire Rua: An Sean agus an Nua* (CIC 027, 1996)

PB   Éagsúil, *Plúirín na mBan: A Woman's Love* (CICD 091, 1993)

RnaG   Cartlann fuaime Raidió na Gaeltachta

TB   Maidhc Stiofáinín Seoighe, *Tomás Bán* (CIC 029, 1990)

TWL   John Beag Ó Flatharta, *Tá an Workhouse Lán* (CICD 093, 1993)

SI   Beairtle Ó Domhnaill, *Summer-Time in Ireland* (CIC 096, 1993)

Samplaí:

Amhránaí	Caiséad / Dlúthdhiosca		Taobh	Rian
John Beag Ó Flatharta	FA		Taobh A	Rian 4
Amhránaí	Radió	Uimh. Chart.	Rian	Dáta
Colm Dubh Ó Méalóid	RnaG	0791	14	23/02/1995

Sa tréimhse nuair a rinneadh an taighde don leabhar seo bhí cartlann Raidió na Gaeltachta in Áras Mháirtín Uí Chadhain cláraithe go dtí deireadh 1997. Fuair mé roinnt leaganacha d'amhráin Chiaráin ó Raidió na Gaeltachta a craoladh níos déanaí ná 1997 agus dá bhrí sin níl uimhir chartlainne ar fáil dóibh. Tá siad seo breactha síos agam mar 'Cartlann RnaG'.

Fuarthas an t-eolas faoi chúlra na n-amhrán ó agallaimh a rinneadh le Ciarán Ó Fátharta ar an 12 Lúnasa 2003 agus an 28 Meán Fómhair 2007.

1. Amhrán Mháirtín Beag Ó Gríofa
Foinse scríofa: US 33.
Foinsí taifeadta: Máirtín Óg Ó Gríofa, Cartlann RnaG.
Damhsóir cáiliúil as Bóthar na Scrathóg ar an gCeathrú Rua ab ea Máirtín Beag Ó Gríofa. Bhí Ciarán ag caint leis cúpla lá sular bhásaigh sé agus bheartaigh sé amhrán molta a chumadh in ómós dó. Chum sé an t-amhrán i 1981.

2. Amhrán Mhichelle Smith de Brún
Foinse taifeadta: Celia Ní Fhatharta, Seán Monaghan, Seán Ó hÉanaigh agus Ciarán Ó Fátharta, Cartlann RnaG.
Ba é Seosamh Ó Braonáin a d'iarr ar Chiarán an t-amhrán seo a chumadh nuair a bhí Michelle Smith de Brún go mór i mbéal an phobail tráth ar ghnóthaigh sí trí bhonn óir agus bonn cré-umha sna Cluichí Oilimpeacha in Atlanta i 1996. Chuir Seosamh Ó Braonáin, Celia Ní Fhatharta, Seán Ó hÉiniú agus Ciarán féin an ceol leis.

3. Amhrán na Gaeilge
Foinse scríofa: Clúdach F.
Foinsí taifeadta: Peadar Ó Flatharta, F, rian 11; John Beag Ó Flatharta, Ciarán Ó Fátharta agus Ann Marie Nic Dhonncha, RnaG, 0046, 14, 22/08/1985.
Bhí Ciarán ag craoladh cláir le hamhránaithe Chonamara John Beag Ó Flatharta, Máirtín Óg Ó Gríofa, Brian Terry Mac Donnchadha agus Ann Marie Nic Dhonncha. Casadh amhráin a bhíodh siad a chanadh go minic ar an gclár agus shocraigh siad eatarthu amhrán nua a chumadh a d'fhéadfaidís uilig a chasadh le chéile. D'imigh Ciarán leis agus bhí an t-amhrán cumtha taobh istigh de dhá uair

an chloig aige. I Stiúideo a hAon i Raidió na Gaeltachta a cumadh, a réitíodh agus a taifeadadh é in aon oíche amháin.

4. Amhrán na Gaillimhe
Foinse scríofa: Clóscríofa ag Ciarán Ó Fátharta.

Níl an t-amhrán seo taifeadta ag duine ar bith. I 1998 a rinneadh é ag moladh fhoireann peile na Gaillimhe a ghnóthaigh Corn Sam Mhig Uidhir. Ní cuimhin le Ciarán an fonn agus deir sé, 'Aon duine atá ag iarraidh, is féidir leo a bhfonn fhéin a chur leis!'

5. Amhrán na mBáid Mhóra
Foinsí scríofa: NF 66–8; CSÉ 38–40.
Foinsí taifeadta: Baba Mhic Dhonnacha, NF, taobh C, rian 1; John Beag Ó Flatharta, Cartlann RnaG.

Cumadh an t-amhrán seo in achar an-ghairid ar fad. Bhí Ciarán thiar i Leitir Mealláin ag caint le Sonny Choilm Learaí tráthnóna breá samhraidh. Dúirt Sonny, 'Nach iomaí bád a sheol fadó ann,' rud a chuir tús le hamhrán Chiaráin. Faoin am ar fhág sé Tigh Sonny Choilm Learaí go dtí an t-am ar shroich sé Tigh Lee, bhí creatlach an amhráin aige. Chuaigh sé isteach agus d'ól sé pionta Tigh Lee agus chum sé an t-amhrán. Seo é an t-amhrán is éasca a tháinig leis ar fad, a deir sé. Níl mórán eolais ag Ciarán ar bháid, cé gur bádóir a bhí ina sheanathair. D'airigh sé caint ar na téarmaí bádóireachta timpeall na háite.

6. Amhrán Ráth Cairn
Foinsí scríofa: CSÉ 46–8; NF 79–80.
Foinsí taifeadta: Maidhc Stiofáinín Seoighe, TB, taobh 1, rian 5; Billy Ó Neachtain, NF, taobh D, rian 7; John Beag Ó Flatharta, FA, taobh B, rian 6; Colm Dubh Ó Méalóid, RnaG, 0791, 14, 23/02/1995; Seán Ó Conamha, RnaG, 0090, 22, 22/10/1987.

Chum Ciarán an t-amhrán seo i 1985 agus is é an t-amhrán is mó é ar chaith sé am leis. Bhí muintir Ráth Cairn ag ceiliúradh caoga bliain ag an am. Bhí comórtas á reachtáil acu agus bhí Ciarán idir dhá chomhairle an gcuirfeadh sé isteach air. Bhí cúig véarsa fhichead ann ar fad agus phioc sé amach go staidéarach cruinn na píosaí ab fhearr agus thosaigh sé as an nua air. Mar a tharla sé níor chuir sé isteach ar an gcomórtas ar chor ar bith. Bhí ceangal mór idir an áit inar tógadh é, an Máimín i Leitir Móir, agus Ráth Cairn. Chuaigh go leor de mhuintir an Mháimín soir go Ráth Cairn i 1935 agus d'fhan siad i dteagmháil ariamh leis an áit thiar.

7. Amhrán Sheáin Uí Mhainnín
Foinse scríofa: CSÉ 36–7.
Foinsí taifeadta: Beairtle Ó Domhnaill, SI, taobh 1, rian 5 (faoin ainm 'Amhrán John Mannion'); John Beag Ó Flatharta, Cartlann RnaG.
Dornálaí mór le rá ab ea Seán Ó Mainnín a rugadh i Ros Muc sa bhliain 1957. Throid sé do Chraobh an Domhain i Madison Square Garden i Nua-Eabhrac i 1984. Bhí clár speisialta ag RnaG ag ceiliúradh na hócáide, le Máirtín Jaimsie Ó Flaithbheartaigh ag craoladh i gCasla agus Seán Bán Breathnach ag craoladh i Nua-Eabhrac. Cumadh an t-amhrán go speisialta don ócáid. Maidir leis na daoine eile a luaitear san amhrán, ba dhornálaí cáiliúil é Máirtín Thornton as an Spidéal, a throid é féin ar son Chraobh an Domhain; b'as Ros Muc Máirtín Nee; b'as Camas Mike Flaherty agus rinne sé go leor ar son na dornálaíochta i gceantar Ros Muc agus Chamais. Ba é a thraenáil Seán Ó Mainnín ina óige.

8. An Cosán
Foinse scríofa: Leagan clóscríofa ó Chiarán Ó Fátharta.
Níl an t-amhrán seo taifeadta ag aon duine agus níor cloiseadh riamh é. Cuimhneachán ar an nGorta Mór atá i gceist. I 1990 a cumadh é.

9. An Dioscó
Foinse scríofa: US 24–5.
Foinse taifeadta: Máirtín Óg Ó Gríofa, RnaG, 0219, 1, 06/08/1993.
Cumadh an t-amhrán seo mar phíosa diabhlaíochta. Ní duine é Ciarán a bhíodh ag dul chuig dioscónna. Chuaigh sé isteach sa halla oíche éigin ar an gCeathrú Rua áit a mbíodh dioscó chuile oíche Dé Sathairn agus bhain an torann an cloigeann de! Chum sé an t-amhrán seo ina dhiaidh.

10. An Seanfhear
Foinse taifeadta: Máirtín Óg Ó Gríofa, Cartlann RnaG.
Bhí go leor daoine den tuairim gur faoi fhear a bhí ina chónaí ar an gCeathrú Rua, Pádraic na Cara, a chum Ciarán an t-amhrán seo, agus tugann roinnt daoine 'Amhrán Phádraic na Cara' air. Ní faoi Phádraic atá an t-amhrán go baileach, cé gur i ndiaidh a bheith ag caint leis a chum Ciarán é. Tar éis dó a bheith ag caint

le Pádraic i Réalt na Maidine (teach tábhairne ar an gCeathrú Rua), d'airigh Ciarán amhrán a chum Tom T. Hall, Meiriceánach agus cumadóir amhrán. 'Old Dogs and Children and Watermelon Wine' is ainm don amhrán sin agus tá 'An Seanfhear' bunaithe air ar bhealach (féach réamhrá). Ní aistriúchán díreach é ach is é an téama céanna atá ag an dá amhrán, chomh maith leis an bhfonn céanna.

11. An Séipéilín
Foinse scríofa: US 29.
Foinsí taifeadta: John Beag Ó Flatharta, FA, taobh A, rian 4; GTPC, rian 10.
(Is é an leagan ar FA is iomláine – fágtar dhá véarsa ar lár sa leagan atá ar an gcaiséad GTPC.)
Thóg Christopher St. George séipéal Naomh Colmcille i Leitir Móir i 1867, agus rinneadh cinneadh é a leagan i 1949. Bhí go leor daoine ag súil ag an am go gcoinneofaí é le hionad pobail a dhéanamh de agus bhí siad ar buile gur leagadh é. Tharla sé lá go raibh Ciarán ag dul thairis agus chuaigh sé chomh fada leis go bhfeicfeadh sé cén sórt áite a bhí ann. Is é an rud is mó a thug sé faoi deara ná nach raibh fanta ann ach spallaí a bhí fágtha de leataobh tar éis na clocha a bheith tógtha as, agus is as sin a tháinig an t-amhrán. Ag deireadh na 1980idí a cumadh é.

12. An Stól
Foinse scríofa: Leagan clóscríofa ó Chiarán Ó Fátharta.
Deir Ciarán gur píosa cainte atá sa phíosa seo ach i bhfoirm filíochta. Bhí sé istigh i séipéal lá agus é ina shuí ar chúl. Bhí chuile dhuine ina suí ag deireadh an tséipéil agus bhí stól amháin ann ar a raibh naonúr ban suite síos agus bhí an stól ag lúbadh fúthu. Tar éis tamaill tháinig bean eile isteach agus rinne sí féin iarracht dul isteach ann agus rinne an naonúr a bhí roimpi chuile iarracht áit a dhéanamh di. Níor éirigh leo ach d'éirigh le Ciarán píosa filíochta a dhéanamh de!

13. An Tuairisc
Foinse scríofa: Leagan clóscríofa ó Chiarán Ó Fátharta.
Bhí baint ag Ciarán le *Meascán Mearaí*, clár grinn ceathrú uaire a bhíodh ar RnaG chuile mhaidin Shathairn. Bhíodh Ciarán agus Séamus Ó Scanláin agus Seán Ó Gráinne ag scríobh na scripteanna le haghaidh an chláir. Bhíodh Mártan Ó Ciardha ag scríobh leo freisin agus ba é Máirtín Mac Donnchadha (Máirtín an Bhaibhlín) a léadh iad agus a chumadh cuid acu. Ba é Mártan a smaoinigh ar an

gceann seo ar dtús agus chum Ciarán an chuid eile. Scigaithris agus imeartas focal atá ann seachas amhrán. I 1998 a cumadh é.

14. Bearáilte

Foinsí taifeadta: John Beag Ó Flatharta, RnaG, 0048, 8, 28/08/1992.

Tá an t-amhrán seo bunaithe cuid mhór ar an gcéad véarsa de dhán a chum Micheal Davitt, '(Positively) Sráid Fhearchair':

> Táim beáráilte as an gClub a Mhamaí.
> Táim beáráilte as an gClub.
> Sea, táim beáráilte as an gClub a Mhamaí.
> Táim beáráilte as an gClub.
> Fuaireas litir ar maidin á rá gur cinneadh
> ag cruinniú den Choiste
> go ndéanfaí mé a bheáráil as an gClub.
> (Michael Davitt, *Bligeard Sráide* (Baile Átha Cliath, Coiscéim 1983, 21.))

Deir Davitt an t-amhrán ar albam le Tadhg Mac Dhonnagáin, *Raifteirí san Underground* (CIC 094, 1993). Tá sé spéisiúil gur spreag amhrán le Bob Dylan, 'Positively 4th Street', Davitt chun a dhán féin a scríobh, ó tharla go bhfuil an-tionchar ag filíocht Dylan ar Chiarán chomh maith. Bhí Ciarán agus John Beag sa chartlann i Raidió na Gaeltachta lá agus iad ag éisteacht le caiséad Thaidhg Mhic Dhonnagáin agus cheap Ciarán go mbeadh sé an-éasca scigaithris a dhéanamh ar dhuine a bhearálfaí as tithe óil. Thug John Beag isteach an giotár agus thosaigh siad ag cumadh. Díol spéise chomh maith gur úsáid siad fonn an amhráin 'Wanted Man', a chum Dylan agus a chasadh Johnny Cash.

15. Breandán

Foinsí scríofa: Leagan clóscríofa ó Chiarán; clúdach TWL.
Foinsí taifeadta: John Beag Ó Flatharta, TWL, rian 5; Mary Ellen Connolly, RnaG, 0221, 1, 26/08/1993.

Chum Ciarán an t-amhrán seo an mhaidin a bhásaigh Breandán Ó hEithir (1930–90), nuair a bhí sé ag siúl sa Mháimín. Ní raibh aon aithne mhaith aige air, cé go mbíodh sé ag caint leis ó am go chéile. Nuair a bhí Ciarán agus Pádraic Ó Conaire ag imirt peile do mhionúir na Gaillimhe i 1976 bhuaigh siad Craobh na hÉireann. Duine de na daoine a thug amach chuig RTÉ iad le haghaidh agallamh a dhéanamh leo ba ea Breandán Ó hEithir mar gurbh iad an t-aon bheirt ar an bhfoireann a raibh an Ghaeilge ar a dtoil acu.

16. Brig St. John
Foinse scríofa: Clúdach TWL.
Foinsí taifeadta: John Beag Ó Flatharta, TWL rian 1; ABLA, taobh 2, rian 1.
Bhí John Beag ag obair ar dhlúthdhiosca i 1993 agus theastaigh amhrán uaidh faoin m*brig St. John*. Ar an seachtú lá de Mheán Fómhair 1849 sheol an *St. John* amach ó Chuan na Gaillimhe le haghaidh a thabhairt ar Bhoston Mheiriceá. Bhí beagnach céad duine ar bord idir phaisinéirí agus chriú, a bhformhór as Contae an Cláir agus Conamara. Níor shroich an bád ceann scríbe ariamh mar gur shéid stoirm mhór agus chuaigh sí go tóin poill. Báthadh an chuid is mó de na daoine a bhí ar bord. Tháinig roinnt acu slán ach ní fios go baileach cé méid. D'inis John Beag scéal an *St. John* do Chiarán agus chum Ciarán an t-amhrán taobh istigh de chúpla uair an chloig.

17. Capaillín
Foinse scríofa: Clóscríofa ag Ciarán Ó Fátharta.
Foinse taifeadta: Seán Ó hÉanaigh, RnaG, 0774, 34, 11/11/1991
Bhí Seán Ó Cuirreáin ag déanamh cláir ar chapaillíní Chonamara do Raidió na Gaeltachta agus theastaigh amhrán Gaeilge uaidh faoi chapaill, rud nach raibh ann. D'iarr sé ar Chiarán amhrán a scríobh faoi chapaillíní Chonamara. Fuair Ciarán comhairle ó Sheosamh Ó Cuaig, ó Johnny Shéamuis Ó Conghaile agus ó Sheán Ó Cuirreáin maidir leis an téarmaíocht a bhain leis na capaill. Chóirigh Seán Ó hÉanaigh an t-amhrán.

18. Clár Joe
Foinse scríofa: Leagan clóscríofa ó Chiarán Ó Fátharta.
Níl an t-amhrán seo taifeadta ag duine ar bith. Bhíodh clár ceoil ag Seosamh Ó Cuaig ar Raidió na Gaeltachta tráth agus nuair a cuireadh deireadh leis an gclár, bhí Joe ag rá go raibh go leor de na mná a bhíodh ag éisteacht leis thar a bheith díomách. Bhí bean amháin go háirithe an-díomách faoi agus sin ábhar an amhráin ghrinn seo.

19. Cré na Cille
Foinsí scríofa: US 22–3; NF 82–3; clúdach PB; clúdach GTPC.
Foinsí taifeadta: Ann Marie Nic Dhonncha, PB, rian 10; GTPC, rian 8; NF, taobh E, rian 3.

Ba dheacair le Ciarán míniú a thabhairt ar an amhrán seo. Is ag brionglóidí a bhí sé nuair a tharla an méid a tharla san amhrán dó. Bhí sé oíche ag teacht aniar as Tigh Phlunkett i Leitir Calaidh agus baineadh scanradh as nuair a cheap sé go bhfaca sé rud éigin sa reilig. Níl sé cinnte ar tharla sé seo nó an ag brionglóidí a bhí sé! Thug sé an t-amhrán d'Ann Marie Nic Dhonncha agus chan sí ag comórtas na mbailéad nuachumtha é, ach níor éirigh leis an amhrán aon duais a bhaint amach.

20. Cuimhneoidh Mise Ort
Foinse scríofa: Clóscríofa ag Ciarán Ó Fátharta.
Foinse taifeadta: Ciarán de Bláca agus Celia Ní Fhatharta, RnG, 0897, 8, 25/03/1991.

Is é seo an t-aon amhrán grá a chum Ciarán ariamh, agus mar a deir sé féin, 'Ní dheachaigh sé in aon áit!' Ní amhrán é a cloiseadh go minic, cé go dtaitníonn sé le Ciarán féin.

21. Dearcadh an tSaoil
Foinsí taifeadta: John Beag Ó Flatharta, TWL, rian 15; FA, taobh B, rian 9.

Bhí Ciarán agus John Beag ag caint ar an saol lá, mar a bhíodh minic go maith. Bhíodar ag caint ar chumadóirí amhrán mór ar nós Ewan MacColl, Peggy Seeger agus Pete St. John, a raibh meas an-mhór ag John Beag orthu. Bhí amhrán Béarla ag Ewan MacColl i dtaobh dheireadh an tsaoil agus theastaigh ó John Beag leagan Gaeilge den amhrán a bheith aige. Ní aistriúchán díreach ar an amhrán atá ann ach tá cosúlachtaí eatarthu. Dearcadh Chiaráin agus John Beag ar an saol ag an am atá ann! D'oibrigh siad ar an bhfonn le chéile ach is le Ciarán na focail.

22. Dífhostaíocht
Foinse scríofa: US 26–7.
Foinsí taifeadta: Dara Bán Mac Donnchadha, MR, taobh 2, rian 7; John Beag Ó Flatharta, RnaG, 0076, 46, 16/12/1988.

Scríobhadh an t-amhrán seo sna 1980idí nuair a bhí go leor daoine ag fágáil Chonamara, go háirithe i gceantar na nOileán. Dúnadh na monarchana agus bhí an dífhostaíocht chomh fairsing gur chum Ciarán an t-amhrán seo. Bhí sé cumtha sé nó seacht de mhíonna aige, nuair a chuala sé amhrán a chum Bob Dylan faoi na mianaigh ag dúnadh i Minnesota, 'North Country Blues' (féach réamhaiste). Is beagnach mar a chéile an dá amhrán cé nach raibh a fhios ag Ciarán ag an am go raibh a leithéid d'amhrán ann. Nuair a chuala sé amhrán Dylan chaith sé súil ar 'Dífhostaíocht' chun feabhas a chur air. Chun aitheantas a thabhairt d'amhrán Dylan chuir sé an fonn céanna leis an amhrán 'Dífhostaíocht'.

23. Dílleachtín Beag Ó
Foinse scríofa: Leagan clóscríofa ó Chiarán Ó Fátharta.
Níl an t-amhrán seo taifeadta ag duine ar bith ach tá rún ag Ciarán go ndéanfar taifeadadh de amach anseo. Chum sé an t-amhrán faoin gcogadh san Iaráic. Séard atá i gceist san amhrán ná fear atá amuigh ar mhisiún buamála agus faigheann sé ordú scaoileadh faoi rud ar bith a fheiceann sé ag corraí. Léigh Ciarán píosa i bpáipéar nuachta faoina léithéid agus thug sé siar ar amhrán é a chum Ewan MacColl. Ní cuimhin leis go baileach cén t-amhrán, áfach.

24. Eachtra
Foinse scríofa: Leagan clóscríofa ó Chiarán Ó Fátharta.
Níl an t-amhrán seo taifeadta ag duine ar bith. Chum Ciarán é agus é ag imeacht leis sa gcarr. B'fhearr leis go ndéanfadh daoine a meas féin ar ábhar an amhráin.

25. Exhaust Pipe
Foinse scríofa: CSÉ 192–3.
Foinsí taifeadta: Máirtín Tom Sheáinín Mac Donnacha, MTS, taobh 1, rian 6; John Beag Ó Flatharta, Cartlann RnaG.
Bóithre Chonamara agus an drochbhail a bhí orthu is ábhar don amhrán seo. Ag tús na 1980idí a chum Ciarán é.

26. Londain
Foinsí taifeadta: John Beag Ó Flatharta, FA, taobh A, rian 2; TWL rian 17.
Cumadh an t-amhrán seo do dhlúthdhiosca a bhí John Beag a chur le chéile. Bhí an bheirt ag iarraidh rud éigin a dhéanamh le 'blues feel'.

27. Maggie Thatcher
Foinsí taifeadta: John Beag Ó Flatharta, FA, taobh A, rian 1; RnaG, 0103, 5, 26/02/1993; Máirtín Óg Ó Gríofa, RnaG, 0915, 7, 15/11/1996.
Insíonn an t-amhrán a scéal féin! Cuireadh cosc lena chasadh ar Raidió na Gaeltachta nuair a bhí mír 31 den Acht Craolacháin, a chuir cosc ar chraolachán le claonadh poblachtánach, i bhfeidhm. Tá ord na véarsaí difriúil sna leaganacha éagsúla ach is beag difríocht eile atá eatarthu. Ghlac mé leis an leagan atá foilsithe ar caiséad.

28. Na Laethanta Romham
Foinse scríofa: CSÉ 41.
Foinse taifeadta: John Beag Ó Flatharta, FA, taobh B, rian 3.
Níl aon scéal faoi leith taobh thiar den amhrán seo. Rud éigin a bhí ag dul trí intinn Chiaráin ag an am nach bhfuil aon tábhacht leis atá i gceist, dar leis féin. Ghlac mé leis an leagan scríofa in CSÉ mar go bhfuil roinnt den amhrán fágtha ar lár i leagan John Beag.

29. Ráth Cairn Glas Gréine na Mí
Foinse scríofa: Leagan clóscríofa ó Chiarán Ó Fátharta.
Foinse taifeadta: John Beag Ó Flatharta, RnaG.
Mar chomhartha ómóis do phobal Ráth Cairn chum Ciarán an dara hamhrán faoin áit. Bhí sé ag caint le duine éigin as Ráth Cairn faoi cheiliúradh seachtó bliain an phobail i Ráth Cairn agus bheartaigh sé amhrán a chumadh faoi.

30. Scriosta ag an Ól
Foinse scríofa: CSÉ 44–5.
Foinsí taifeadta: John Beag Ó Flatharta, FA, taobh B, rian 10; CSÉA, taobh 2, rian 6; Celia Ní Fhátharta agus Johnny Connolly, RnaG, 0011, 27, 12/12/1987
Scríobh Ciarán an t-amhrán seo faoi chara leis a raibh fadhb uafásach óil aige. I lár na 1980idí a cumadh é.

31. Seáinín
Foinse scríofa: Clóscríofa ag Ciarán Ó Fátharta.
Foinse taifeadta: Peadar Ó Flatharta, F, rian 2.
Tháinig Peadar Ó Flatharta ón ngrúpa ceoil Fáilte go dtí Ciarán le hamhrán a bhí scríofa aige féin agus ag a dheartháir agus d'iarr sé air athchóiriú a dhéanamh air.

Níor theastaigh ó Chiarán dul in aice le hamhrán duine eile agus ina áit chum sé ceann nua uilig. Bhí sé thiar ar Thrá an Dóilín áit a bhfuil reilig do pháistí nár baisteadh agus bhí aifreann á rá in ómós na bpáistí sin. Chum Ciarán an t-amhrán le linn an aifrinn.

32. Agallamh Beirte: Teilifís na Gaeilge agus an OK Corral

Rinne Ciarán agus Máirtín Jaimsie an t-agallamh beirte seo ag féile drámaíochta ar an gCeathrú Rua. Bhuaigh siad an gradam drámaíochta ach baineadh díobh arís é mar gur aisteoir gairmiúil a bhí i Máirtín ag an am. Chum siad i stáisiún Raidió na Gaeltachta i gCasla é i bhfad sula dtáinig TG4 ar an bhfód. Ní chloíonn an t-agallamh beirte seo le gnáthmhúnla an agallaimh bheirte thraidisiúnta i gConamara.

Foinsí

Leabhair agus Ailt

Coleman, Steve, 'Joe Heaney Meets the Academy', *Irish Journal of Anthropology* 1 (1996) 69–85.

Cohen, Anthony, *The Symbolic Construction of Community* (London/New York, Cohen/Ellis Horwood Ltd, 1985).

Denvir, Gearóid, *Litríocht agus Pobal* (Indreabhán, Cló Iar-Chonnachta, 1997).

Denvir, Gearóid, *Amhráin Choilm de Bhailís* (Indreabhán, Cló Iar-Chonnachta, 1996).

Denvir, Gearóid, 'An Béal Beo: Filíocht Bhéil Chonamara Inniu', *Léachtaí Cholm Cille XIX* (1989) 192–222.

Denvir, Gearóid, 'Is é an Saol an Máistir: Filíocht Learaí Phádhraic Learaí Uí Fhínneadha', *Léachtaí Cholm Cille XXIX* (1999) 161–97.

Finnegan, Ruth, *Literacy and Orality: Studies in the Technology of Communication* (Oxford, Basil Blackwell, 1988).

Finnegan, Ruth, *Oral Poetry: Its Nature, Significance and Social Context* (Cambridge, Cambridge University Press, 1992).

Glassie, Henry, Ives, Edward D., & Szwed, John F., *Folksongs and Their Makers* (Bowling Green OH, Bowling Green State University Popular Press, 1973).

Mac Aodha, Risteárd Dónal (eag.), *Na Fonnadóirí: Taispeántas agus Anailís. Fonnadóirí Pharóiste Leitir Móir* (Indreabhán, Cló Iar-Chonnachta, 1996).

Mac Donncha, Tomás, *Tom a' tSeoighe: Saol agus Saothar* (Aiste mhór an tríú bliain BA, Scoil na Gaeilge, Ollscoil na hÉireann, Gaillimh, Aibreán 2003).

Nic Dhonncha, Róisín, *Amhráin Val agus Mhíchíl Bheairtle Uí Dhonnchú* (Tráchtas MA, Ollscoil na hÉireann, Gaillimh, 2002).

Nic Eoin, Máirín, *Trén bhFearann Breac: An Díláithriú Cultúir agus Nualitríocht na Gaeilge* (Baile Átha Cliath, Cois Life, 2005).

Ó Conghaile, Micheál, *Conamara agus Árainn 1880-1980: Gnéithe den Stair Shóisialta* (Indreabhán, Cló Iar-Chonnachta, 1988).

Ó Conghaile, Micheál, *Croch Suas É!* (Indreabhán, Cló Iar-Chonnachta, 1986).

Ó Conghaile, Micheál, *Up Seanamhach* (Indreabhán, Cló Iar-Chonnachta, 1990).

Ó Conghaile, Micheál, *Gnéithe d'Amhráin Chonamara Ár Linne* (Indreabhán, Cló Iar-Chonnachta, 1993).

O'Connor, Nuala, *Bringing it all Back Home; The Influence of Irish Music*, (London, BBC Books, 1991).

Ó Dochartaigh, Liam, 'Éigse an Bhéil Bheo', in Seán Ó Mórdha (eag.), *Scríobh 2* (Baile Átha Cliath, An Clóchomhar, 1975) 75–89.

Ó Donnchadha, Seosamh, *Dánta Fhilí Bhaile na mBroghach* (Indreabhán, Cló Chois Fharraige, 1983).

Ó Giollagáin, Conchúr, 'Dinimic na Litearthachta agus an Chultúir Bhéil', *Irish Journal of Anthropology* 2 (1997) 6–32.

Ó Giolláin, Diarmuid, *An Dúchas agus an Domhan*, (Corcaigh, Cló Ollscoile Chorcaí, 2005).

Ó Laoire, Lillis, *Ar Chreag i Lár na Farraige: Amhráin agus Amhránaithe i dToraigh*, (Indreabhán, Cló Iar-Chonnachta, 2002).

Ó Madagáin, Breandán, 'Functions of Irish Song in the Nineteenth Century', *Béaloideas* 53 (1985)130–216.

Ong, Walter, *Literacy and Orality: The Technologizing of the Word* (London, Routledge, 1982).

Shields, Hugh, *Narrative Singing in Ireland: Lays, Ballads, Come-all-yes, and Other Songs* (Dublin, Irish Academic Press, 1993).

Smyth, Gerry, *Noisy Island: A Short History of Irish Popular Music* (Cork, Cork University Press, 2005).

Vallely, Fintan, Hamilton, Harry, Vallely, Eithne & Doherty, Liz (eag.) *Crosbhealach an Cheoil / The Crossroads Conference 1996: Tradition and Change in Irish Traditional Music* (Dublin, Whinstone Music, 1999).

Zumthor, Paul, *Oral Poetry: An Introduction* (Minneapolis, University of Minnesota Press, 1990).

Agallaimh a rinne Síle Denvir

Ciarán Ó Fátharta, Caorán, An Cheathrú Rua, ar an 12 Lúnasa 2003; Aille, Indreabhán, ar an 19 Lúnasa 2003; Raidió na Gaeltachta, Casla, ar an 28 Meán Fómhair 2007.

Caiséid agus Dlúthdhioscaí

Éagsúil, *Croch Suas É Aríst!* (CIC 010, 1988).
Éagsúil, *Gaelcheol Tíre Phléaráca Chonamara* (CICD 108, 1994).
Éagsúil, *Na Fonnadóirí* (CIC 119, 1990).
Éagsúil, *Plúirín na mBan: A Woman's Love* (CICD 091, 1993).
Máirtín Tom Sheáinín Mac Donnacha, *An Ghaeltacht Bheo: Connemara Heart and Soul* (CIC 060, 1991).
Dara Bán Mac Donnchadha, *Máire Rua: An Sean agus an Nua* (CIC 027, 1990).
Na hAncairí, *Ar Bord leis na hAncairí* (CIC 046, 1990).
Beairtle Ó Domhnaill, *Summer-Time in Ireland* (CIC 096, 1993).
John Beag Ó Flatharta, *An tAncaire: Fiche Amhrán 1980–1990* (CIC 025, 1990)
John Beag Ó Flatharta, *Tá an Workhouse Lán* (CICD 093, 1993).
Peadar agus Martin Joe Ó Flatharta, *Fáilte* (CICD 134, 1998).
Maidhc Stiofáinín Seoighe, *Tomás Bán* (CIC 029, 1990).

Taifeadtaí Fuaime
Cláracha éagsúla ó Chartlann Raidió na Gaeltachta.

Eile
Roinnt leaganacha scríofa ó Chiarán Ó Fátharta.